Gesetz,

betreffend das Theilungsverfahren

vom 14. Juni 1888.

Deutscher Text mit französischer Uebersetzung und Anmerkungen nach amtlichen Quellen bearbeitet.

LOI

SUR

LES PARTAGES JUDICIAIRES

du 14 juin 1888.

Texte allemand avec traduction française et annotations.

Straßburg.
Verlag von Karl J. Trübner.
1888.

Gesetz, betreffend das Theilungsverfahren, vom 14. Juni 1888.

Loi sur les partages judiciaires du 14 juin 1888.

Gesetz,

betreffend das Theilungsverfahren und den gerichtlichen Verkauf von Liegenschaften vom 14. Juni 1888.

(Gesetzblatt S. 51.)

Abschnitt I.

Theilungsverfahren.

I. Gerichtliche Theilung.

§ 1. Die gerichtliche Theilung erfolgt im Wege der nicht streitigen Gerichtsbarkeit nach den Vorschriften dieses Gesetzes.

Das Recht der Betheiligten, im Prozeßwege eine Entscheidung über den Grund und die Zulässigkeit der Theilung herbeizuführen, bleibt unberührt.

Einleitende Bemerkungen.

Der Schwerpunkt des Gesetzes beruht im ersten Abschnitt über das gerichtliche Theilungsverfahren. Dieses Verfahren ist bisher den Formen des ordentlichen Prozesses unterworfen gewesen, woraus sich erhebliche Mißstände ergeben, zumal nach Einführung der Reichs-Justizgesetze.

Das Verfahren leidet zunächst an einer erheblichen Unsicherheit des Rechtszustandes, hervorgerufen durch das Aufeinandertreffen der Reichsjustizgesetze mit der alten französischen Gesetzgebung. Es ist von Anfang an zweifelhaft gewesen und hat durch die Praxis nicht genügend klargelegt werden können, unter welchen Voraussetzungen das Theilungsverfahren als ein Verfahren der streitigen oder der freiwilligen Gerichtsbarkeit anzusehen sei, und ob in Folge dessen die neuen Reichsjustizgesetze oder die älteren Gesetze Anwendung zu finden haben. Insbesondere hat auch nicht festgestellt werden können, ob das Verfahren noch jetzt von Anfang bis zu Ende ein einheitliches Ganzes bildet, oder ob dasselbe, wie namentlich das Reichsgericht angenommen hat, nach Erlaß des die Theilung verordnenden Urtheils in eine Reihe von selbstständigen Prozeduren zerfällt. Auch die Anwendung der neuen Gesetze über die Gerichtskosten konnte nicht mit Sicherheit durch die Praxis geregelt werden. Nach der einen Anschauung findet auf den Theilungsprozeß schlechthin das Reichs-Gerichtskostengesetz Anwendung; nach der anderen wäre es zulässig, die mildern Bestimmungen des Landes-Ausführungsgesetzes bezüglich des Verfahrens der freiwilligen Gerichtsbarkeit anzuwenden. Auch dies ist zweifel-

LOI

sur la procédure de partage et la vente judiciaire d'immeubles du 14 juin 1888.

(Bull. des lois p. 51).

Section I.

De la procédure de partage.

I. Des partages judiciaires.

§ 1. Le partage judiciaire a lieu d'après les prescriptions de la présente loi par voie de juridiction gracieuse.

Il est réservé aux parties intéressées le droit de provoquer par voie d'action, une décision sur le fond et la recevabilité du partage.

Observations préliminaires.

C'est dans la Section Ire qui traite la matière des partages judiciaires, que se concentre toute l'importance de la présente loi. La procédure des partages avait été soumise jusqu'à présent aux formes de l'instance judiciaire; il en résultait de graves inconvénients, qui n'avaient fait qu'augmenter depuis l'introduction des lois judiciaires de l'Empire. Il régna d'abord une grande incertitude dans l'application des lois de l'Empire, en ce qu'elles n'avaient pas abrogé l'ancienne législation française. Des doutes sérieux que la pratique n'a pas su complètement écarter, ne tardèrent pas à s'élever sur la question de savoir, quand la procédure en partage pouvait être considérée comme faisant partie de la juridiction contentieuse ou de la juridiction gracieuse et dans quels cas il y avait lieu d'appliquer les anciennes lois ou les nouvelles lois de l'Empire. Le point difficile à déterminer était de savoir, si la procédure devait continuer à être considérée comme un tout uniforme, ou si, comme l'a admis la cour de Leipzig, la procédure devait se partager en une série de procédures distinctes, à partir du moment où avait été rendu le jugement ordonnant le partage. La question de savoir, si la nouvelle loi sur les frais judiciaires devait s'appliquer à la procédure en partage n'a pas reçu de solution satisfaisante, les uns étant d'avis, que cette loi s'appliquait en son entier à cette procédure, les autres voulant lui appliquer les dispositions plus

§ 2. Das gerichtliche Theilungsverfahren gehört zur Zuständigkeit der Amtsgerichte.

Zur Stellung des Antrags auf Eröffnung des Verfahrens ist jeder Betheiligte berechtigt. Im Falle der Betheiligung

---

haft geblieben, ob, wie nach der französischen Gesetzgebung, die Kosten regelmäßig der Masse zur Last fallen oder gemäß der Civilprozeßordnung dem unterliegenden Theil. Anderentheils ist das bisherige Verfahren außerordentlich umständlich. Es ist dies begründet durch die Zuständigkeit der Landgerichte für alle, auch die einfachsten Sachen, durch die Nothwendigkeit der kollegialen Berathung, durch den Anwaltszwang. Kostspielig ist das Verfahren auch im hohen Grade, indem an Stelle der festen und niedrigen französischen Gebührensätze die hohen proportionellen Gebühren der neuen Gerichtskostenordnung erhoben werden mußten.

Um diesen verschiedenen Bedenken abzuhelfen, wird das Verfahren der streitigen Rechtspflege vor dem Landgericht umgewandelt in ein Verfahren der freiwilligen Rechtspflege vor dem Amtsgericht.

(Rede des Regierungskommissars bei der ersten Lesung des Entwurfs im Landesausschuß).

Die Mißstände des französischen Theilungsprozesses waren übrigens für Elsaß-Lothringen bereits durch das Gesetz vom 1. Dezember 1873, betr. außergerichtliche Theilungen und gerichtliche Verkäufe von Liegenschaften, gemildert, indem dieses Gesetz bei Betheiligung von Handlungsunfähigen den Weg der außergerichtlichen — vertragsmäßigen — Theilung neben dem Theilungsprozeß eröffnete. Das Gesetz hält diesen Rechtszustand im § 26 aufrecht, beseitigt aber das Gesetz von 1873 formell in § 57.

Das konnte geschehen, weil im II. Abschnitt auch der sonstige Inhalt des erwähnten Gesetzes, betr. die Verkäufe, Ersatz gefunden hat.

Das ganze Gesetz ist auf der möglichst unverändert übernommenen Grundlage des preußischen Gesetzes gleichen Betreffs für die Rheinprovinz vom 22. Mai 1887 ausgearbeitet (M.).

§ 1. Wie Motive und Bericht hervorheben, ist in Zukunft die Erwirkung eines die Theilung anordnenden Urtheils im Prozeßweg ausgeschlossen. „Dagegen ist es den Betheiligten unbenommen, das Recht auf Theilung durch das Prozeßgericht feststellen zu lassen, damit der Grund der Theilung, also das Bestehen der Gemeinschaft und der betreffenden Antheilrechte, sowie die Zulässigkeit der Theilung, d. h. das Nichtvorhandensein eines rechtlichen Hinderungsgrundes (vergl. Code civil Art. 815 Abs. 2, Art. 1869, 1872) richterlich anerkannt werden. Veranlassung hierzu kann in der Erhebung bezüglicher Streitigkeiten innerhalb des Theilungsverfahrens oder schon vorher in der Haltung der außer dem Kläger Betheiligten gegeben sein. Sofern die Letzteren nicht durch ihr Verhalten zur Erhebung der Klage Anlaß gegeben haben und den Anspruch auf Theilung sofort anerkennen, werden dem Kläger gemäß § 89 C.-P.-O. die Prozeßkosten zur Last fallen (M.).

Das Gesetz bezieht sich auf alle Arten von Gemeinschaften, nicht bloß auf den häufigsten Fall der Theilung von Erbschaften und Gütergemeinschaften (B.).

§ 2. La procédure de partage est de la compétence des Amtsgerichte.

Chaque partie intéressée est en droit de demander l'ouverture de la procédure. Les prescriptions des articles

---

libérales de la loi d'Alsace-Lorraine sur l'exécution de la loi sur les frais judiciaires. Des doutes s'étaient de même élevés sur la question, si les frais pouvaient encore être mis à la charge de la masse, ou s'il était indispensable de les mettre à la charge de la partie qui avait succombé. La procédure elle-même présentait d'énormes lourdeurs, qui résultaient de la nécessité de s'adresser au Landgericht, même pour les affaires les plus simples, de provoquer un jugement sur délibéré d'un tribunal et de se servir du concours forcé des avoués. La procédure était enfin très dispendieuse, les frais et honoraires fixes et modérés du tarif français ayant été remplacés par les droits proportionnels introduits par les nouvelles lois de l'Empire.

C'est dans le but de remédier à tous ces inconvénients, que la loi remplace la procédure litigieuse devant le Landgericht par la procédure gracieuse devant l'Amtsgericht (Discours du commissaire du Gouvernement à la Délégation lors de la seconde lecture du projet de loi).

Les inconvénients du système français avaient déjà été écartés en partie en Alsace-Lorraine par la loi du 1er décembre 1873, concernant les partages extrajudiciaires et les ventes judiciaires d'immeubles, qui permettait de suivre la voie du partage extrajudiciaire, ou du partage contractuel, même dans les cas où des personnes incapables se trouvaient parmi les parties intéressées. La loi dans le § 26 maintient cet état de choses, mais abroge formellement la loi de 1873 dans le § 57; elle pouvait en agir ainsi, les dispositions de cette dernière loi ayant été reproduites dans la section II.

La présente loi n'est en quelque sorte que la reproduction avec quelques modifications peu importantes de la loi prussienne pour la province rhénane du 22 mai 1887 (M.).

§ 1. Il résulte des motifs de la loi et du rapport de la commission de la Délégation que l'on ne pourra plus à l'avenir suivre la voie judiciaire et provoquer un jugement ordonnant le partage. „Les parties intéressées auront cependant la faculté de faire reconnaître par la voie de l'action judiciaire, leur droit de provoquer un partage, c'est-à-dire de faire reconnaître l'existance d'une indivision, la part qui leur revient ainsi que la recevabilité de la demande en partage, c'est-à-dire l'absence de motifs qui empêchent de procéder au partage (comp. Code civil, art. 815 al. 2, art. 1869, 1872). L'action peut être motivée, soit parce qu'il s'est élevé des difficultés à ce sujet dans le cours d'une procédure de partage, soit parce que les adversaires du demandeur l'ont provoquée par leur façon d'agir même avant toute procédure en partage. Dans le cas où ils n'auraient pas donné de motifs suffisants pour justifier l'action judiciaire et s'ils reconnaissaient de suite le bien-fondé de

von Bevormundeten oder Abwesenden finden die Vorschriften der Artikel 465, 817 des Code civil Anwendung. Für auswärtige Bevormundete ist die nach ihrem Rechte vorgeschriebene Ermächtigung beizubringen.

In dem Antrag sind die Betheiligten und die Theilungsmasse erkennbar zu bezeichnen und etwaige Vorschläge wegen der Person des zu ernennenden Notars (§ 4 Abs. 1) beizufügen.

In Ansehung der örtlichen Zuständigkeit finden die Bestimmungen der Civilprozeßordnung entsprechende Anwendung.

Unter mehreren zuständigen Amtsgerichten hat der Antragsteller die Wahl. Sind von mehreren Betheiligten die Anträge gestellt, so ist der zuerst gestellte Antrag für die Zuständigkeit des Gerichts entscheidend.

Das für die Theilung eines Nachlasses zuständige Amtsgericht ist auch für die Theilung der mit diesem Nachlasse

---

Wenn die Theilungsgenossen unter sich in allen Punkten einig sind, bedarf es der gerichtlichen Theilung nicht und es erfolgt in diesem Falle die Theilung im Wege des Vertrags nach Maßgabe der bestehenden gesetzlichen Vorschriften bezw., bei Betheiligung von Handlungsunfähigen, des Abschnitts II des Gesetzes (B.). Im letzteren Fall ist, mangels Einigung, die gerichtliche Theilung erforderlich, um in Ansehung der Handlungsunfähigen die Wirkung einer endgültigen Theilung unter Großjährigen hervorzubringen; vgl. C. c. Art. 466 (M.).

§ 2. Die Zuständigkeit der Amtsgerichte begründet von selbst die Befugniß der Parteien, ohne Vermittlung der Rechtsanwälte vor dem Theilungsgericht aufzutreten (M.).

Daß neben den Betheiligten auch deren Gläubiger gemäß Code civil Art. 1166 zur Antragstellung berechtigt sind, bedarf keiner Hervorhebung im Texte. Der Vormund bedarf, zufolge der fortbestehenden Artikel 465 und 817 des Code civil der Ermächtigung des Familienraths, um den Theilungsantrag zu stellen, nicht aber, um sich auf einen von anderer Seite gestellten Antrag einzulassen (M.).

Der Antrag (vgl. § 48 Abs. 1) hat nur die erkennbare Bezeichnung der Betheiligten und der Theilungsmasse, sowie etwaige Vorschläge wegen der Person des zu ernennenden Notars zu enthalten; der Antragsteller braucht weder die Antheilsberechtigung der einzelnen Betheiligten anzugeben noch, vorbehaltlich besonderer Anordnungen des Gerichts (vgl. § 3 Abs. 1) eine Erbbescheinigung, eine etwa vorhandene letztwillige Verfügung oder sonstige Belege einzureichen. Dagegen wird es sich allerdings empfehlen, daß die etwa erforderlichen Urkunden sofort beigebracht werden (B.).

Zu Abs. 4 vgl. C.-P.-O. §§ 13, 18, 25, 28 (M.). Vgl. auch C.-P.-O. § 36 Nr. 1 (B.).

465 et 817 du code civil s'appliquent aux cas où des mineurs ou des absents sont intéressés. Les mineurs étrangers seront tenus de justifier de l'autorisation exigée par les lois de leur pays.

La demande doit indiquer clairement les parties intéressées et la masse à partager et contenir les propositions éventuelles sur le choix du notaire (§ 4 alinéa 1).

Les prescriptions du code de procédure civile règlent la compétence locale.

Si plusieurs Amtsgerichte sont compétents, le demandeur a le droit de choisir entre eux. Si la demande en partage a été formée par plusieurs intéressés, celle qui est la première en date fixe la compétence du tribunal.

---

la demande, les frais de l'instance resteraient à la charge du demandeur d'après les dispositions du § 89 C. pr. civ." (M.)

La présente loi s'applique à toute espèce d'indivision et pas seulement au cas le plus ordinaire d'un partage de succession ou de communauté (R.).

Si toutes les parties intéressées sont d'accord, il est inutile de suivre la procédure en partage; elles peuvent dans ce cas avoir recours au partage conventionnel selon les prescriptions du Code civil et si des personnes incapables sont intéressées, en observant les dispositions de la section II de la présente loi (R.). Dans le dernier cas, il y a lieu de suivre la procédure du partage judiciaire, si les parties ne s'entendent pas, pour donner au partage à l'égard des mineurs la valeur d'un partage définitif entre majeurs (comp. Code civil, art. 466) (M.).

§ 2. Les Amtsgerichte étant compétents, il s'entend de soi-même que les parties peuvent comparaître devant le juge du partage, sans l'assistance d'un avoué (M.).

Il a semblé inutile d'indiquer dans la loi, que les créanciers pouvaient, en invoquant l'art. 1166 Code civil, requérir également le partage. Les art. 465 et 817 Code civil continuant à s'appliquer à la matière, le tuteur a besoin de l'autorisation du conseil de famille, s'il entend provoquer un partage, mais n'en a pas besoin pour répondre à la demande formée par une autre partie intéressée (M.).

Le demandeur (comp. § 48 al. 1) n'a qu'à désigner exactement les parties intéressées et la masse à partager ainsi qu'à faire ses propositions éventuelles sur le choix d'un notaire. Il n'a pas besoin d'indiquer les parts et portions des parties, ni de produire un certificat d'héritier, ou le testament s'il en existait un ou d'autres pièces à l'appui, sauf à se soumettre aux mesures que peut prescrire le juge (comp. § 3 al. 1) (R.).

Pour l'al. 4 comp. § 13, 18, 25, 28 C. pr. civ. (M.). Comp. aussi § 36 n. 3 de ce code (R.).

zusammenhängenden Gütergemeinschaften, Nachlaß- und sonstigen Massen zuständig. Dasselbe kann jedoch auf Antrag eines Betheiligten die Aussonderung einer solchen Masse aus dem Verfahren anordnen, sofern dies zweckmäßig erscheint.

§ 3. Erscheint vor der Entscheidung über den Antrag eine weitere Aufklärung erforderlich, so hat das angegangene Gericht auf dieselbe durch Vernehmung des Antragstellers oder durch Verfügung an den letzteren hinzuwirken.

Die übrigen Betheiligten sind berechtigt, dem Antragsteller beizutreten oder geeignetenfalls für ihn einzutreten. Denselben ist, und zwar erforderlichenfalls durch eingeschriebene Briefe, unter Bezeichnung des Antrags, Gelegenheit zu geben, auch ihrerseits Vorschläge über die Person des Notars dem Gerichte vorzulegen.

§ 4. Wird der Antrag als unbegründet oder unzulässig befunden oder läßt sich dessen Vervollständigung nicht erreichen, so ist derselbe zurückzuweisen. Andernfalls verweist das Gericht die Betheiligten vor einen von ihm zu ernennenden Notar zur Vornahme des Theilungsgeschäftes.

---

§ 3. Durch die Mittheilung gemäß Abs. 2 sind die Betheiligten zugleich in die Lage gesetzt, etwaige Einwendungen gegen das Verfahren vorzubringen. Das Gesetz sieht davon ab, über die Art und Form der zu machenden Mittheilung bindende Vorschriften zu erlassen. Diese Mittheilung wird in der Regel brieflich erfolgen mit Bestimmung einer angemessenen Frist, innerhalb welcher die etwaigen Vorschläge dem Gericht vorzulegen sind; die Briefe sind nach dem Ermessen des Gerichts einzuschreiben. Auch mündliche Mittheilungen, wenn solche geschehen können, sind als genügend zu erachten (B.).

§ 4. Die Ernennung des Notars ist in das richterliche Ermessen gestellt, wobei es sich von selbst versteht, daß das Gericht den Wünschen der Parteien die gehörige Beachtung schenken wird. Haben sich z. B. die sämmtlichen Betheiligten über die Person des Notars geeinigt, so wird wohl das Gericht keinen Grund haben, diesem einstimmigen Antrage entgegen zu treten. Im Uebrigen hängt die Entscheidung der Frage von den Umständen des einzelnen Falles ab und läßt sich nicht füglich durch allgemeine Vorschriften regeln; der Wunsch des überlebenden Ehegatten, die Anträge der Betheiligten, welche ihren Antheilen nach die Mehrheit bilden, sind Momente, welche das Gericht wohl in erster Linie zu berücksichtigen haben wird; auch werden die von den Notariatskammern vielfach erlassenen diesbezüglichen Reglements beachtenswerthe Anhaltspunkte gewähren (B.). Die Betheiligten können den Ernennungsbeschluß durch sofortige Beschwerde (§ 49) anfechten (M.).

L'Amtsgericht compétent pour le partage d'une succession est également compétent pour le partage des communautés de biens, successions et autres masses qui en dépendent. Sur la demande de l'une des parties intéressées l'Amtsrichter peut néanmoins, s'il le trouve utile, prononcer la distraction de la procédure de l'une de ces masses.

§ 3. Si d'autres renseignements sont nécessaires avant de statuer sur la demande, le tribunal saisi a à les provoquer, soit en demandant des éclaircissements oraux au demandeur soit en lui donnant des injonctions à cet égard.

Toutes les autres parties intéressées peuvent se joindre au demandeur ou, le cas échéant, le remplacer. Par la communication des conclusions de la partie poursuivante, au besoin par lettre chargée, il doit leur être fourni l'occasion, de soumettre de leur côté leurs propositions sur le choix du notaire.

§ 4. Si la demande est reconnue non fondée, ou inadmissible ou qu'elle ne puisse être complétée, le juge doit la rejeter. Dans le cas contraire, il renvoie les parties devant le notaire, qu'il désigne pour procéder au partage.

---

§ 3. Les parties sont mises en mesure par les communications prévues par l'alinéa 2 de faire valoir leurs réclamations contre la procédure.

La loi ne prescrit pas le mode et la forme de ces communications; elles auront lieu en règle générale par une lettre dans laquelle on fixera un délai raisonnable dans lequel devront se produire les observations. Le juge pourra les transmettre par lettre chargée, s'il le croit nécessaire. Des observations verbales doivent être considérées comme admisibles, dans le cas où elles peuvent se produire sous cette forme (R.).

§ 4. La désignation du notaire est laissée à la libre appréciation du juge; il est bien entendu que le juge devra avoir égard aux vœux formulés par les parties. Si toutes les parties se déclarent d'accord sur le choix du notaire, le juge n'aura certainement pas de raison pour s'écarter de ce vœu unanime des parties intéressées. La décision doit dépendre au surplus des circonstances spéciales de chaque cas; il n'est pas possible de poser des règles générales à ce sujet. Le désir du conjoint survivant, les conclusions formulées par la majorité des parties intéressées, doivent d'abord fortement peser dans la balance; les règlements des chambres des notaires pourront souvent offrir des points de repère (R.). Les parties peuvent, du reste, attaquer la nomination du notaire par la voie du recours immédiat (§ 49) (M.).

Insoweit es nach Lage der Sache angezeigt ist, kann zur Erledigung einzelner Theile des Verfahrens ein anderer Notar ernannt werden. Wird im Laufe des Verfahrens die Ernennung oder die Ersetzung eines Notars nothwendig, so finden die vorstehenden Bestimmungen entsprechende Anwendung.

In dem Auftrag zur Vornahme des Theilungsgeschäfts liegt zugleich der Auftrag zur Vornahme der etwa erforderlichen Inventarisirung.

§ 5. Nachdem der Verweisungsbeschluß rechtskräftig geworden ist, übersendet das Gericht dem ernannten Notar den Beschluß und sämmtliche Schriftstücke mit der Bescheinigung des Datums der eingetretenen Rechtskraft.

Der Notar hat in geeigneter Weise den Antragsteller zur näheren Begründung des Antrags durch genauere Angaben und Anträge über die Art und Weise der Auseinandersetzung

---

Es kommt namentlich bei Erbtheilungen vor, daß schon die Inventarerrichtung, welche der Theilung vorauszugehen hat, nicht ohne Anrufung des Gerichts erfolgen kann, sei es, weil die Parteien über die Person des Notars nicht einig sind, sei es, weil einzelne Betheiligte sich der Vornahme dieser Operation weigern; zur Vermeidung von Kosten und Weiterungen erschien Abs. 3 angezeigt (B.).

§ 5. Der Verweisungsbeschluß ist den sämmtlichen Betheiligten von Amtswegen zuzustellen und unterliegt der sofortigen Beschwerde (§ 48 Abs. 3, § 49). Zur Vermeidung von Unzuträglichkeiten muß vor der Ausführung des Beschlusses die Rechtskraft des letzteren eingetreten sein (M.).

Damit die auf Grund des Verweisungsbeschlusses vor den Notar zu berufenden Theilungsgenossen die Tragweite des Verfahrens richtig bemessen und danach wegen ihres Erscheinens oder ihrer Vertretung das Sachgemäße vorkehren können, wie auch zu dem Zwecke der erforderlichen Vorbereitung der Verhandlung ist es nothwendig, daß die näheren, auf die Art und Weise der Auseinandersetzung bezüglichen Angaben und Anträge, welche bisher in den Theilungsklagen enthalten zu sein pflegten — z. B. bezüglich der Quotenbetheiligung, der Naturaltheilung oder Versteigerung, der Ansprüche auf Rückbringen, der Reprisenforderungen —, dem Notar vom Antragsteller unterbreitet und demnächst den Betheiligten in der Ladung mitgetheilt werden. Da an sich nicht zu übersehen ist, ob solche nähere Begründung und Vervollständigung nicht auch in solchen Fällen erforderlich ist, welche nach dem früheren Theilungsantrag einfach gelagert erscheinen, so muß der Notar in allen Fällen den Antragsteller in geeigneter Weise zur Abgabe einer Erklärung in jener Richtung veranlassen (M.).

In der Fristbestimmung des Abs. 3 liegt zugleich eine Gewähr dafür, daß der Notar das Verfahren nach Kräften fördern wird (M.).

Si les circonstances s'y prêtent, un autre notaire peut être chargé de certaines parties de la procédure. Les prescriptions ci-dessus sont applicables, si dans le cours de la procédure la désignation ou le remplacement d'un notaire deviennent nécessaires.

La désignation du notaire pour les opérations de partage implique la mission de procéder le cas échéant à l'inventaire.

Si la décision de renvoi est devenue définitive, le tribunal adresse au notaire commis l'ordonnance avec les actes et le certificat constatant l'époque où la décision a acquis l'autorité de la chose jugée.

§ 5. Le notaire invite le demandeur à fournir spécialement les justifications sur l'objet de la demande et à indi-

---

Il arrive souvent dans les partages de successions, que l'inventaire ne puisse pas être dressé sans l'intervention du juge, soit que les parties ne s'entendent pas sur le choix du notaire, soit que des intéressés s'opposent à cette opération. Les dispositions de l'alinéa 3 ont pour but d'économiser des frais et d'éviter des lenteurs dans la procédure (R.).

§ 5. L'ordonnance de renvoi devant notaire est à notifier d'office à toutes les parties intéressées et est soumise à la voie du recours immédiat (§ 48 al. 3, § 49). Pour éviter tout conflit, l'exécution de l'ordonnance ne doit avoir lieu, que si elle est devenue exécutoire (M.).

Dans le but de permettre aux parties intéressées qui sont à convoquer devant le notaire, de bien comprendre la portée de la procédure à suivre en exécution de l'ordonnance de renvoi et de prendre les mesures nécessaires pour comparaître ou se faire représenter, et dans le but de préparer les opérations ultérieures, il paraît utile d'imposer à la partie poursuivante l'obligation d'indiquer d'une manière précise au notaire, qui, de son côté, est chargé de le communiquer aux autres parties, dans quel sens elle entend que le partage ait lieu. Ces indications, que contenait ordinairement jusqu'à présent la demande en partage, se rapportent, par exemple, aux droits des parties intéressées dans la masse à partager, au partage en nature ou à la vente, aux demandes en reprises ou en rapport. Comme on ne peut pas toujours prévoir, surtout dans les cas qui paraissent très simples à première vue, si cependant plus tard il paraît indispensable d'obtenir des indications plus précises et complètes, le notaire doit pouvoir, le cas échéant, obliger la partie poursuivante à compléter les renseignements qui sont indispensables (M.).

Dans la fixation d'un délai dans l'alinéa 3 se trouve la garantie, que le notaire cherchera, dans la mesure de ses moyens, à activer la procédure (M.).

sowie zur Beschaffung der erforderlichen Unterlagen zu veranlassen.

Ist innerhalb sechs Monaten nach Eintritt der Rechtskraft des Verweisungsbeschlusses weder von dem Antragsteller noch von einem andern Betheiligten den in dem vorstehenden Absatze aufgestellten Erfordernissen genügt, so ist das Verfahren als erloschen zu erachten.

§ 6. Der Notar ladet die sämmtlichen Betheiligten unter abschriftlicher Mittheilung der Anträge (§ 5 Abs. 2) mit Erscheinungsfrist von mindestens zwei Wochen oder, sofern Betheiligte außerhalb Elsaß-Lothringens zu laden sind, von mindestens einem Monat zu einem Verhandlungstermin, unter der Verwarnung, daß gegen die Ausbleibenden angenommen werde, sie seien mit der Vornahme der Theilung einverstanden, und daß die letztere, ungeachtet ihres Ausbleibens, für sie bindend sein werde.

Auf Antrag, zu dessen Stellung jeder Betheiligte im Termin oder innerhalb einer Frist von zwei Wochen nach dem Termin berechtigt ist, muß der Termin vertagt, beziehungsweise ein neuer Verhandlungstermin anberaumt werden. Zu dem neuen Termin sind die Betheiligten von Amtswegen

---

§ 6. Der erste Theil des nach Abs. 1 dem Ausbleibenden zu setzenden Präjudizes hat zur Folge, daß die während des Ausbleibens eines Betheiligten vorgenommenen Theilungshandlungen von demselben nicht mehr angegriffen werden können. Insbesondere sind die Ausbleibenden nicht in der Lage, eine von den Anwesenden gesetzmäßig bewirkte Naturaltheilung oder Theilungsversteigerung demnächst als ihren berechtigten Ansprüchen und Interessen widersprechend anzufechten, sie haben vielmehr diese einzelnen Operationen und die Theilung selbst als vollzogene Thatsache anzuerkennen (M.). Ueber den zweiten Theil des Präjudizes vgl. zu § 18, Abs. 2, 3.

Die Ladung ist nach den Vorschriften der C.-P.-O. zuzustellen (vgl. § 20, Abs. 4). Die in der Regierungsvorlage vorgeschriebene abschriftliche Mittheilung der zur Begründung des Antrags vorgelegten Urkunden hat die Kommission als entbehrlich und kostspielig gestrichen.

Die gütliche Vereinbarung unter den Theilungsparteien wird nicht selten dadurch erleichtert, daß die Verhandlung sofort vertagt oder innerhalb einer kurzen angemessenen Frist ein neuer Termin anberaumt wird. Das Gesetz schreibt daher vor, daß dies auf Antrag eines Betheiligten — Erschienenen oder Ausgebliebenen — geschehen müsse, ohne im Uebrigen weitere Vertagungen oder Terminsanberaumungen auszuschließen, sofern solche angezeigt erscheinen. Aus § 13, Abs. 1 folgt, daß an und für sich schon bei der ersten Verhandlung die Theilung vollendet werden kann.

quant d'une manière précise le mode et les bases du partage qu'il provoque.

Si dans les 6 mois après que la décision a obtenu l'autorité de la chose jugée, le demandeur ou une autre partie intéressée ne remplit pas les conditions prévues par l'alinéa précédent, la procédure est à considérer comme éteinte.

§ 6. Le notaire convoque toutes les parties intéressées à un jour fixé pour les débats en leur laissant un délai d'au moins deux semaines ou, dans le cas où des parties intéressées sont à convoquer en dehors de l'Alsace-Lorraine, dans un délai d'au moins un mois pour la comparution; il leur donne communication par écrit des conclusions du demandeur (§ 5 alinéa 2) en les avertissant qu'en cas de non-comparution, les absents sont présumés consentir à ce qu'on procède au partage et que le partage sera obligatoire pour eux malgré leur non-comparution.

Au jour fixé pour les débats ou dans le délai de deux semaines après ce terme, chaque partie peut demander la remise des débats ou la fixation d'un nouveau terme. Les parties intéressées sont à convoquer d'office pour le nouveau terme,

---

§ 6. La première partie de l'alinéa 1, qui se rapporte aux conséquences qu'entraîne la non-comparution d'une partie, a pour effet, que les opérations faites en son absence ne peuvent plus être critiquées par elle. Elle ne peut surtout plus attaquer un partage en nature ou une vente, si les prescriptions légales à ce sujet ont été observées, sous prétexte que ces opérations ont été faites contrairement à ses intérêts ou à ses prétentions; elle a à accepter les opérations spéciales de l'ensemble du partage comme un fait consommé (M.). Comparez pour la seconde conséquence de la non-comparution le § 18, alinéa 2 et 3.

La citation est à signifier dans les formes prescrites par le Code de procédure civile. La signification d'une copie des pièces justificatives de la demande, qu'avait prévu le projet de loi, a été jugée inutile et coûteuse par la commission de la délégation.

Un accord amiable entre les parties intéressées est souvent possible, si les débats sont ajournés et si l'on fixe un nouveau terme à un jour très rapproché pour la continuation des opérations. Aussi le paragraphe prescrit-il d'ajourner les opérations, dès que l'une des parties — comparues ou non comparues — en fait la demande, sans exclure par là d'autres remises ou ajournements, dans les cas où le besoin s'en fait sentir. Il résulte des dispositions du § 13 alinea 1, que le partage peut être terminé même dans la première séance (M.).

zu laden, soweit nicht die Vorschrift des § 21 Abs. 2 Platz greift.

Ueber die Verhandlung im Termin ist ein Protokoll aufzunehmen.

§ 7. Die Theilung erfolgt, soweit nicht von den sämmtlichen Betheiligten ein Anderes vereinbart ist, nach Maßgabe der folgenden Vorschriften.

Die vorbezeichnete Vereinbarung bedarf hinsichtlich minderjähriger, entmündigter oder abwesender Betheiligter der Zustimmung des Theilungsgerichts.

§ 8. Die gemeinschaftlichen Gegenstände sind, soweit dies füglich geschehen kann, in Natur, und zwar thunlichst durch Verloosung der gebildeten Theile, zu vertheilen; dabei ist jedoch die Zertheilung einzelner Grundstücke möglichst zu vermeiden.

Die Naturaltheilung ist ausgeschlossen, wenn ein Betheiligter widerspricht und ein wichtiger, nach den Umständen des Falles den Widerspruch rechtfertigender Grund vorliegt.

Der Widerspruch ist insbesondere als begründet anzusehen:

1. soweit die Veräußerung der Gegenstände zur Tilgung gemeinschaftlicher Schulden erforderlich ist;
2. wenn die zu bildenden Theile nach der Art oder dem Werthe der einzelnen Gegenstände ungleich und die Widersprechenden an der Gemeinschaft zu mehr als der Hälfte betheiligt sind.

---

§ 7. Zur Vereinbarung über Abänderung der vorgeschriebenen Formen ist die Zustimmung sämmtlicher Betheiligten, nicht bloß der Erschienenen erforderlich (M. und B.).

Die Vereinbarung bedarf hinsichtlich Minderjähriger, Entmündigter und Abwesender der Zustimmung des Theilungsgerichts. Unter den Abwesenden werden hier wie in den auf § 7, Abs. 2 Bezug nehmenden Paragraphen und in den §§ 42, 45 sowohl die „présumés absents" (Code civil Art. 112), also die Vermißten verstanden, deren Vertretung im Theilungsverfahren durch einen zu beauftragenden Notar (Code civil Art. 113) erfolgt, als auch die „déclarés absents", bezüglich deren Vermögens eine vorläufige Besitzeinweisung stattgefunden hat (M.).

§ 8. Das Gesetz beschränkt den im Code civil zu bestimmt aufgestellten Grundsatz der Naturaltheilung, da derselbe erfahrungsgemäß in vielen Fällen für das allgemeine Interesse schädlich wirkt und viele Prozesse hervorruft. Die Artikel 826, 827, 832 des Code civil sind in § 57 beseitigt (M.).

Einigen sich die Parteien nicht über die Frage der Naturaltheilung oder Veräußerung, so liegt eine materielle Rechtsstreitigkeit vor, über die das Prozeßgericht entscheidet (M. und B.).

à moins que les dispositions du § 21 alinéa 2 ne reçoivent leur application.

Il sera dressé procès-verbal des débats qui auront lieu au terme fixé.

§ 7. Le partage a lieu d'après les prescriptions suivantes, si les parties intéressées ne sont pas tombées d'accord sur un autre mode de partage.

S'il y a des parties intéressées mineures, interdites ou absentes, cette convention devra être homologuée par le juge saisi du partage.

§ 8. Les biens indivis sont à partager en nature, si ce mode de partager peut se faire commodément et autant que possible par tirage au sort des lots formés; le morcellement des héritages doit cependant être évité autant que possible.

Le partage en nature est exclu, si l'un des intéressés s'y oppose et si l'opposition est basée sur un motif sérieux résultant de circonstances qui la justifient. L'opposition sera surtout à considérer comme fondée:

1° si la vente d'objets est nécessaire pour régler des dettes communes;

2° si les lots à former sont inégaux en égard à la nature ou à la valeur des objets et si les opposants ont droit à plus de la moitié des objets indivis.

---

§ 7. Si les parties veulent convenir d'un autre mode de partage, il est nécessaire d'obtenir l'adhésion de toutes les parties intéressées, celle des parties comparues ne suffit pas (M. et R.). une pareille convention doit en outre être approuvée par le juge du partage, si parmi les parties, se trouvent des mineurs, des interdits ou des absents. On entend par absents dans le sens du § 7 al. 2 ainsi que des art. 42 et 45, non seulement les présumés absents (art. 112 Code civil) ainsi les personnes disparues, dont la représentation dans les partages est confiée à un notaire (art. 113 Code civil), mais aussi les déclarés absents, pour la fortune desquels il y a eu envoi en possession (M.).

§ 8. La loi restreint le principe trop formel du partage en nature exprimé dans le Code civil, l'expérience ayant démontré que ce principe était souvent contraire aux intérêts des parties et provoquait des procès. Les articles 826, 827 et 832 Code civil sont abrogés par le § 57 (M.).

Si les parties ne s'entendent pas sur la question du partage en nature ou de la vente, la contestation est à vider par le tribunal (M. et R.)

§ 9. Auf Antrag ist die Erstattung eines Gutachtens über den Werth der Gegenstände, die Zulässigkeit der Naturaltheilung und die Bildung der Theile zu veranlassen. Im Falle der Betheiligung der im § 7 Abs. 2 bezeichneten Personen ist die Erstattung eines Gutachtens erforderlich, soweit die Zutheilung unbeweglicher Gegenstände ohne Loosebildung stattfinden soll.

Einigen sich die erschienenen Betheiligten über die Person des oder der Sachverständigen, so erfolgt die Beeidigung durch den Notar. Findet eine Einigung nicht statt, so erfolgt die Ernennung und die Beeidigung auf Ersuchen des Notars durch das Theilungsgericht. Das Theilungsgericht kann ein anderes Amtsgericht um die Ernennung und Beeidigung der Sachverständigen ersuchen.

Die Sachverständigen haben von ihren Terminen die Betheiligten in Kenntniß zu setzen und, daß dies geschehen, in ihrem Gutachten zu erwähnen.

Das Gutachten ist dem Notar einzureichen oder zu Protokoll desselben zu erklären. Der Notar hat die Betheiligten, sofern sie bei der Abgabe des Gutachtens nicht anwesend waren, zu benachrichtigen, daß sie das Gutachten bei ihm einsehen können; er hat dasselbe den Betheiligten auf Verlangen vorzulegen und in Abschrift mitzutheilen.

§ 10. Insoweit eine Theilung in Natur nicht stattfindet, sind die zu theilenden Gegenstände, sofern nicht von den sämmtlichen Betheiligten ein Anderes vereinbart wird (§ 7), zu verkaufen.

---

§ 9. Der zweite Satz im Abs. 1, von der Kommission zugesetzt, enthält eine für den Schutz der Minderjährigen u. s. w. sehr wichtige Bestimmung, deren Nothwendigkeit die Praxis ergeben hat.

Wenn sich die Betheiligten bei dem Ergebnisse der Expertise nicht beruhigen wollen, ist es ihnen unbenommen, den Prozeßweg zu beschreiten (B.).

§ 10. Abs. 1 schließt, wie die Motive hervorheben, nicht aus, daß die Betheiligten im gemeinsamen Einverständniß (vgl. § 7) einzelne Gegenstände vorläufig ungetheilt lassen.

Durch Abs. 2 soll verhindert werden, daß das Theilungsgericht erst bei Prüfung der zur Bestätigung vorgelegten Theilungsurkunde (vgl. § 17 Abs. 2) den stattgehabten Verkauf als den Interessen der Handlungsunfähigen widersprechend verwerfen und aus diesem Grunde die Bestätigung versagen könnte. Demgemäß ist hier und demnächst im § 29 Abs. 4 die vorherige Zustimmung des Theilungsgerichts zum Verkauf und dessen Bedingungen für den gedachten Fall vorgeschrieben.

§ 9. Sur la demande des parties il y a lieu d'ordonner une expertise pour déterminer la valeur des objets, la possibilité du partage en nature et pour former les lots.

Si parmi les parties intéressées se trouvent des personnes désignées au § 7 alinéa 2, l'expertise est indispensable, du moment que des immeubles doivent faire l'objet d'une attribution sans formation de lots.

Si les parties intéressées présentes tombent d'accord sur le choix d'un ou de plusieurs experts, ceux-ci seront assermentés par le notaire. En cas de désaccord, la nomination et le cas échéant l'assermentation se fera sur les poursuites du notaire par le tribunal saisi du partage. Ce tribunal pourra requérir un autre Amtsgericht de procéder à la nomination et à l'assermentation des experts.

Les experts feront part aux intéressés du jour de l'expertise, il en sera fait mention dans le rapport.

Le rapport d'expertise est à remettre au notaire qui peut aussi recevoir la déclaration des experts et en dresser procès-verbal. Le notaire prévient les intéressés, qui n'ont pas assisté à la rédaction du rapport, qu'ils peuvent en prendre connaissance en son étude; à la demande des intéressés, il leur soumet le rapport et leur en délivre copie.

§ 10. Si le partage n'a pas lieu en nature, les biens à partager doivent être vendus, à moins que toutes les parties ne se soient entendues autrement (§ 7).

---

§ 9. La seconde partie de l'al. 1 a été ajoutée par la commission; elle contient une disposition dont le besoin s'est fait sentir dans la pratique et qui est utile pour la sauvegarde des intérêts des mineurs et incapables.

Si les parties n'acceptent pas les résultats de l'expertise, elles peuvent suivre la voie judiciaire.

§ 10. L'alinéa 1 n'exclut pas, comme l'indiquent les motifs, que les parties puissent décider (comp. § 7) de laisser certains objets provisoirement dans l'indivision.

L'alinéa 2 a pour but d'éviter, que le juge du partage ne soit d'avis au moment où l'on lui soumet le partage pour l'homologuer (comp. § 17 al. 2), que la vente qui a eu lieu a été contraire aux intérêts des incapables et refuse pour ce motif l'homologation. C'est pour ce motif que le § 10 et le § 29 alinéa 4 prescrivent l'approbation préalable du juge du partage tant des conditions de la vente que de la vente elle même.

Zum Verkauf unbeweglicher Gegenstände ist hinsichtlich der im § 7 Absatz 2 bezeichneten Personen die Zustimmung des Teilungsgerichts erforderlich.

Der Verkauf (Abs. 1, 2) erfolgt, vorbehaltlich anderweitiger Vereinbarungen (§ 7), nach Maßgabe der folgenden Vorschriften.

§ 11. Der Verkauf beweglicher Sachen wird durch öffentliche Versteigerung bewirkt.

Die Versteigerung erfolgt durch den mit der Theilung beauftragten Notar, im Falle seiner Verhinderung durch einen von den erschienenen Betheiligten oder nöthigenfalls vom Gericht bezeichneten Notar oder Gerichtsvollzieher. Der Versteigerungstermin ist in ortsüblicher Weise bekannt zu machen. Von dem Versteigerungstermin sind die Betheiligten durch eingeschriebene Briefe in Kenntniß zu setzen.

Einer Abschätzung der beweglichen Sachen bedarf es nicht.

Werthpapiere sind, wenn sie einen Börsen- oder Marktpreis haben, aus freier Hand zum Tageskurse zu verkaufen und, wenn sie einen solchen Preis nicht haben, zu versteigern.

§ 12. Der Verkauf unbeweglicher Gegenstände erfolgt nach den Vorschriften des zweiten Abschnitts.

§ 13. Zum Zwecke der Aufstellung der Masse und der Ansprüche der Betheiligten, sowie zur Bildung der Theile ladet der Notar die Betheiligten, sofern die erforderlichen Verhandlungen in dem früheren Termin nicht zu Ende geführt werden konnten, zu einem neuen Termin vor.

Die Verloosung gebildeter Theile darf erst erfolgen, nachdem der Notar die Bildung der Theile den Betheiligten im Termine mitgetheilt hat. Sie erfolgt durch den Notar, und zwar, wenn dieses von einem Betheiligten beantragt wird, in einem zu diesem Zweck bestimmten neuen Termin. Die Verloosung muß, wenn einer der Betheiligten dem Notar gegenüber wider-

---

§ 13. Die Bildung eigentlicher Loose, welche in der Regel vorgenommen werden wird, soll doch nicht obligatorisch sein. Auch die Art und Weise der Loose-Bildung und -Ziehung ist der zweckmäßigen Behandlung des einzelnen Falles vorbehalten. Widersprüche gegen die Bildung der Loose, bezw. das vorausgegangene Gutachten der Sachverständigen werden im Prozeßwege ausgetragen. Ist dagegen die Verloosung auch nur theilweise erfolgt, so liegt eine vertragsmäßige Einigung vor, welche die Erhebung späteren Widerspruchs ausschließt (M.).

Si parmi les parties intéressées se trouvent des personnes designées au § 7 alinéa 2, on ne peut procéder à la vente des immeubles qu'après l'autorisation du tribunal saisi du partage.

La vente (alinéa 1, 2) doit avoir lieu, à moins d'autres conventions (§ 7), en observant les prescriptions suivantes.

§ 11. La vente de meubles a lieu par voie d'adjudication aux enchères publiques.

Les enchères ont lieu devant le notaire chargé du partage et en cas d'empêchement devant un notaire ou huissier désigné par les parties intéressées présentes, ou au besoin par le tribunal du partage. Le jour des enchères sera annoncé d'après les usages locaux. Les intéressés seront prévenus du jour des enchères par lettre chargée.

L'estimation des meubles n'est pas nécessaire.

Les titres sont à vendre de la main à la main au cours du jour s'ils sont côtés à la bourse ou au marché; s'ils ne sont pas soumis à une côte, ils sont à vendre aux enchères.

§ 12. La vente d'immeubles se fait d'après les prescriptions de la section II.

§ 13. Pour former les masses et fixer les droits des intéressés ainsi que pour former les lots le notaire convoque les parties à un nouveau terme qu'il leur indique, si les opérations n'ont pas pu être terminées à une précédente réunion.

Le tirage au sort des lots ne peut s'effectuer qu'après que le notaire a communiqué aux intéressés le jour fixé à cet effet la formation des lots. Le tirage se fait par le notaire, et si l'une des parties en forme la demande, que le jour ultérieur indiqué à cet effet. Si l'un des intéressés a élevé des objections devant le notaire, le tirage sera remis jusqu'à ce qu'il ait été statué sur l'opposition. Après

---

§ 13. La formation des lots doit être la règle générale; elle n'est cependant pas obligatoire. De même la manière de former les lots et la forme du tirage peuvent être décidées par les parties d'après les circonstances spéciales des cas qui se présentent. Les objections contre la formation des lots ainsi que contre le rapport préalable des experts sont à vider par la voie de l'action judiciaire. Dès que le tirage des lots a commencé, il existe entre les parties un contrat qui exclut toute objection ultérieure (M.).

sprochen hat, bis zur Erledigung des Widerspruchs unterbleiben. Nach der Verloosung auch nur eines Theils kann ein Widerspruch nicht mehr erfolgen.

§ 14. Erheben sich bei den Verhandlungen vor dem Notar Streitigkeiten, welche keine Erledigung finden, so nimmt der Notar über die Streitpunkte ein Protokoll auf und verweist die Betheiligten auf den Prozeßweg.

§ 15. Erheben sich bei der Verhandlung keine Streitigkeiten oder sind die erhobenen erledigt, so nimmt der Notar eine Urkunde über die Theilung auf und übersendet dieselbe, einschließlich der vorausgegangenen Verhandlungen, in Urschrift dem Theilungsgericht.

In entsprechender Weise ist zu verfahren, wenn im Falle unerledigter Streitpunkte, unter Vorbehalt der Entscheidung derselben, die Aufnahme einer Theilungsurkunde bezüglich der unstreitigen Punkte ausführbar ist.

Im Falle der Betheiligung der im § 7 Absatz 2 bezeichneten Personen erfolgt die Uebersendung (Abs. 1) durch Vermittelung der Staatsanwaltschaft beim Landgericht.

Von der Aufnahme der Theilungsurkunde sind die Ausgebliebenen mittels eingeschriebener Briefe durch den Notar zu benachrichtigen.

§ 16. Macht ein Betheiligter dem Gericht glaubhaft, daß er ohne sein Verschulden verhindert gewesen sei, in dem zur

---

§ 14. Die Parteien sind durch den Inhalt des Protokolls nicht beschränkt, also nicht gehindert, andere hierin nicht aufgenommene Streitpunkte demnächst dem Prozeßgericht zu unterbreiten (M.). Der Bericht betont aber den Nutzen der Zusammenfassung des ganzen Prozeßmaterials in dem Protokoll. Der Notar wird hierauf hinzuwirken in der Lage sein.

§ 15. Die Theilungsurkunde nimmt der Notar kraft des ihm vom Gericht ertheilten Auftrags, nicht im Auftrag der Parteien auf. Sie kann und soll daher auch dann errichtet werden, wenn einzelne Betheiligte nicht erschienen sind. Andernfalls, und sofern alle Betheiligten verfügungsfähig sind, können dieselben aber nach Art. 819 des Code civil (vgl. auch den Art. 985 des Code de procédure civile) den Weg der gerichtlichen Theilung jederzeit verlassen und einen gewöhnlichen Theilungsvertrag in mündlicher, privatschriftlicher oder notarieller Form abschließen (M.).

Nach § 17 Abs. 4 geht die Theilungsurkunde in Natur an den Notar zurück. Zu Abs. 3 vgl. § 52 Abs. 1 und zu Abs. 4 den § 16.

§ 16. Der Paragraph ist mit Rücksicht auf die strengen Folgen des Ausbleibens (§§ 6, 18) von der Kommission eingefügt. Es wurde hierbei davon abgesehen, von dem Säumigen den förmlichen Nachweis zu

le tirage, même d'une partie seulement des lots, il ne pourra plus être soulevé d'opposition.

§ 14. S'il s'élève des difficultés pendant les opérations devant le notaire et si elles n'ont pas reçu de solution, le notaire dresse procès-verbal sur les contestations et renvoie les parties à se pourvoir par la voie d'action.

§ 15. S'il ne s'élève pas de difficultés pendant les opérations, ou si elles ont été aplanies, le notaire rédige l'acte de partage et en transmet la minute avec les pièces préparatoires au tribunal saisi du partage.

La même procédure est à suivre, s'il est possible de procéder au partage d'objets non litigieux, en réservant les points litigieux jusqu'après la décision judiciaire.

Dans le cas où des personnes désignées au § 7 al. 2 sont parties intéressées, la remise des pièces (al. 1) se fait par l'entremise du parquet près du Landgericht.

Les parties non-comparentes sont à informer par le notaire au moyen de lettres chargées, que l'acte de partage a été dressé.

§ 16. Si une partie justifie au juge, que c'est sans sa faute qu'elle a été empêchée de comparaître le jour fixé

---

§ 14. Les parties ne sont pas liées par la teneur du procès-verbal et peuvent dès lors soumettre au tribunal également d'autres contestations. Le rapport de la commission appelle spécialement l'attention sur l'intérêt qui existe à ce que toutes les contestations soient insérées au procès-verbal. Le notaire instrumentaire sera toujours en mesure d'instruire les parties à ce sujet.

§ 15. Le notaire rédige l'acte de partage sur la délégation du juge et non à la requête des parties. L'acte peut et doit même être dressé, même si l'une ou l'autre partie ne comparait pas. Les parties peuvent du reste, si elles sont toutes libres de contracter, renoncer en tout temps à la voie du partage judiciaire conformément à l'article 819 Code civil (comp. aussi l'art. 985 C. de pr. civ. fr.), et procéder à un partage ordinaire soit verbalement soit par acte sous seing-privé soit par acte authentique (M.).

L'acte de partage retourne au notaire en vertu du § 17 alinéa 1.

Pour les dispositions de l'alinéa 3 comp. § 52 alinéa 1 et pour celles de l'alinéa 4 le § 16.

§ 16. Ce paragraphe a été introduit par la commission à raison des graves conséquences qu'entraîne pour les parties leur non-comparution (§§ 6, 18). Les dispositions de ce paragraphe n'imposent pas au non-comparant la preuve formelle, qu'il a été lésé dans ses intérêts dans l'acte de partage; il lui aurait été peut-être difficile

Aufnahme der Theilungsurkunde bestimmten Termine zu erscheinen, und läßt sich annehmen, daß er durch die Theilung in seinen Rechten beeinträchtigt sei, so sind auf dessen Antrag die Betheiligten vor den Notar zurückzuverweisen.

Zur Fortsetzung der Verhandlungen hat der Notar einen neuen Termin anzuberaumen und alle Betheiligten von Amtswegen dazu zu laden. Auf das weitere Verfahren finden die Vorschriften der §§ 14, 15 Anwendung; etwaige Abänderungen der Theilungsurkunde sind als Fortsetzung derselben aufzunehmen.

§ 17. Das Gericht hat die von dem Notar eingereichte Theilungsurkunde zu bestätigen, sofern die Vorschriften über das Verfahren befolgt sind.

Im Falle der Betheiligung der im § 7 Absatz 2 bezeichneten Personen ist die Bestätigung nur zu ertheilen, sofern deren Rechte gewahrt sind.

Ueber etwaige Anstände kann das Gericht zunächst mit dem Notar in Verbindung treten, um eine Ergänzung oder Ab-

---

verlangen, daß er durch die vorgenommene Theilung in seinen Rechten beeinträchtigt sei; es würde ihm oft schwer oder sogar unmöglich sein, diesen Nachweis unverzüglich zu erbringen, da er ja bei den Theilungsverhandlungen nicht zugegen war und die Theilungsurkunde dem Gericht übergeben wurde; anderseits soll die Zurückverweisung vor den Notar nicht erfolgen, wenn von vornherein feststeht, daß die Interessen des Ausgebliebenen bei der Theilung vollkommen gewahrt wurden; es erscheint somit angezeigt, dem Gerichte einen möglichst weiten Spielraum zu gewähren, und die Zurückverweisung bei unverschuldetem Ausbleiben in allen den Fällen vorzuschreiben, in denen sich irgendwie annehmen läßt, daß der Ausgebliebene bei der Theilung zu kurz gekommen ist (B.).

§ 17. Eine sachliche Prüfung ist nur im Interesse der betheiligten Handlungsunfähigen erforderlich (M.).

Die Entscheidung über die Bestätigung ist nach § 48 Abs. 3 den sämmtlichen Betheiligten von Amtswegen zuzustellen. Wird im Falle des Abs. 2 die Bestätigung rechtskräftig versagt, so bleibt den außer den Handlungsunfähigen Betheiligten der Prozeßweg.

Die Vorschrift des Abs. 2 kommt zur Anwendung, ohne Rücksicht, ob die daselbst bezeichneten Personen dem Inland oder dem Ausland angehören. Die zum Zwecke der Prüfung etwa erforderlichen weiteren Ermittelungen sind dem Ermessen des Theilungsgerichts überlassen; dasselbe wird insbesondere, sofern es nicht selbst Vormundschaftsgericht ist, häufig die Ansicht des letzteren, bezw. des Familienraths einzuholen Veranlassung haben. Auch der Staatsanwaltschaft steht selbstverständlich frei, vor Stellung ihrer Anträge den Notar um Auskunft anzugehen oder sonstige geeignete Erhebungen zu bethätigen (M.).

pour la passation de l'acte de partage et que l'on puisse admettre que ses droits aient été lésés par le partage, les parties intéressées sont à renvoyer sur sa demande devant le notaire.

Le notaire a à fixer un nouveau terme pour la continuation des opérations et à citer d'office toutes les parties. Aux opérations ultérieures s'appliquent les dispositions des §§ 14 et 15; les modifications que peut subir l'acte de partage sont à considérer comme continuation de cet acte.

§ 17. Si toutes les prescriptions sur la procédure ont été observées, le tribunal homologue l'acte de partage remis par le notaire.

Dans les cas où des personnes désignées au § 7 alinéa 2 sont intéressées, l'homologation n'est à accorder que si leurs intérêts sont sauvegardés.

S'il s'élève des difficultés, le juge peut se mettre en rapport avec le notaire, pour compléter ou modifier l'acte de partage; ces opérations sont à considérer comme continuation de l'acte de partage.

---

de produire immédiatement cette preuve, puisqu'il n'a pas assisté aux opérations et que l'acte de partage se trouve entre les mains du juge. D'un autre côté le renvoi devant notaire ne doit pas être ordonné, si dès l'abord la preuve parait fournie, que les intérêts du non-comparant ont été pleinement sauvegardés dans l'acte. On a laissé dans ces circonstances une certaine latitude au juge, tout en lui prescrivant de prononcer le renvoi, s'il parait démontré que c'est sans sa faute, que la partie n'a pas comparu devant le notaire et que ses intérêts sont lésés.

§ 17. Une vérification matérielle ne devient nécessaire que pour la sauvegarde des intérêts des incapables (M.).

La décision en homologation est à signifier d'office à toutes les parties intéressées d'après le § 48 al. 3. Si dans le cas de l'al. 2 l'homologation est refusée par un jugement devenu exécutoire, les parties, excepté les incapables, peuvent poursuivre le partage par la voie judiciaire.

Les dispositions de l'al. 2 sont applicables sans qu'il y ait lieu de distinguer, si les parties y désignées sont des étrangers ou des indigènes. Le juge peut se livrer, avant de rendre sa décision, à toutes les investigations qu'il croit nécessaires; il sera souvent dans le cas, s'il n'est pas lui-même le juge de la tutelle, de recourir à ce dernier ou au conseil de famille. Le ministère public peut de son côté demander des éclaircissements au notaire ou se livrer à d'autres investigations avant de donner ses conclusions (M.).

änderung der Theilungsurkunde herbeizuführen: die bezüglichen Verhandlungen sind als Fortsetzung der Theilungsurkunde aufzunehmen.

Die Theilungsurkunde wird, nachdem die Bestätigung rechtskräftig geworden ist, nebst einer Abschrift des Bestätigungsbeschlusses, auf welchem der Gerichtsschreiber die Rechtskraft zu bescheinigen hat, dem Notar zurückgesendet.

§ 18. Aus der rechtskräftig bestätigten Theilungsurkunde findet die gerichtliche Zwangsvollstreckung statt. Die Vorschriften

---

§ 18. Die Fassung des Abs. 1 läßt erkennen, daß die Zwangsvollstreckung aus der bestätigten Theilungsurkunde weder formell noch materiell den beschränkenden Bestimmungen des § 702 Nr. 5 der Civilprozeßordnung unterliegen soll. Demgemäß bedarf die vom Notar aufgenommene Theilungsurkunde nicht der in jener Vorschrift vorgesehenen Klausel, um die Zwangsvollstreckung zu begründen, und letztere findet für alle in der Urkunde begründeten Ansprüche gleichmäßig statt, ohne die bei Anwendung der bezeichneten Gesetzesstelle unvermeidliche, den Rechtsverkehr verwirrende Unterscheidung zwischen den Leistungen, je nachdem dieselben individuell bestimmte Gemeinschaftsgüter oder Geldabfindungen und Herausgaben unter den Theilungsgenossen zum Gegenstand haben. Wenn verfügungsberechtigte Personen außerhalb des gerichtlichen Verfahrens oder unter Verlassung des letzteren einen Vertrag über die Theilung abschließen und darüber eine notarielle Urkunde aufnehmen, so unterliegt die letztere bezüglich der Vollstreckbarkeit selbstverständlich nur dem § 702 Nr. 5 der Civilprozeßordnung (M.).

Da die Theilungsurkunde beim Notar verwahrt wird, bestimmt das Gesetz, daß die Ertheilung der vollstreckbaren Ausfertigung sich nach den für die notariellen Urkunden geltenden Bestimmungen (§ 705 C.-P.-O.) richten soll (B.).

Abs. 2 enthält das zweite in der Ladung (§ 6) gesetzte Präjudiz, welches dem preußischen Gesetz unbekannt ist. Nach letzterem hat die Theilung „weder die Kraft eines Vertrags noch die eines Urtheils" (Motive), woraus sich ergibt, daß der Ausgebliebene wegen jeder Verletzung noch Ersatzanspruch gegen die Mitbetheiligten erheben kann. Nach dem § 18 soll dagegen die Theilung, abgesehen von dem Falle der §§ 16, 50, auch für die Ausbleibenden endgiltig, schlechthin bindend sein. Maßgebend ist dabei die Erwägung, daß ein gerichtliches Theilungsverfahren seinen Zweck nur dann vollständig erreicht, wenn es in einer endgiltigen Auseinandersetzung seinen Abschluß findet. Soll das neue gerichtliche Theilungsverfahren den alten Theilungsprozeß wirklich ersetzen, so muß es vor Allem zu demselben endgiltigen Resultate führen und die Parteien vor späteren Schwierigkeiten und Prozessen schützen. Wie das Homologationsurtheil des bisherigen Rechts, so muß auch die nach dem neuen Verfahren verfertigte und bestätigte Theilung nur aus den für die vertragsmäßige Theilung zugelassenen Gründen angefochten werden können (Abs. 3); nur unter dieser Voraussetzung läßt sich der förmliche Theilungsprozeß entbehren.

Après que l'homologation est devenue exécutoire, l'acte de partage est renvoyé au notaire avec une copie de la décision d'homologation, sur laquelle le greffier certifie qu'elle est devenue exécutoire.

§ 18. L'exécution forcée pourra avoir lieu en vertu de l'acte de partage homologué et devenu exécutoire. Sont

---

§ 18. La rédaction de l'al. 1 démontre, que l'exécution forcée en vertu d'un acte de partage homologué, ne doit pas être soumis, ni formellement ni matériellement, aux dispositions restreintes du § 702 n. 2 Code de procédure civile. L'acte dressé par le notaire n'a pas besoin d'être revêtu de la formule prévue par ce dernier paragraphe, pour servir à l'exécution et celle-ci s'applique à toutes les prétentions des parties telles qu'elles sont consignées dans l'acte, sans qu'il y ait lieu de distinguer, comme pour l'application du § 702, entre les prétentions qui se rapportent à la restitution d'objets spécialement désignés et celles qui consistent en une somme d'argent ou en une indemnité entre copartageants. Si les parties capables de contracter passent néanmoins au partage en dehors de la procédure judiciaire ou après avoir quitté cette voie et le font consigner dans un acte de notaire, cet acte est soumis naturellement, en ce qui concerne l'exécution, aux dispositions du § 702 n. 5 du Code de procédure civile (M.).

Comme l'acte de partage reste déposé en l'étude du notaire, la loi dispose que l'expédition en forme de grosse exécutoire est régie par les dispositions légales (§ 705 C. de pr. civ.) sur les actes notariés (R.).

L'alinéa 2 contient la seconde conséquence résultant de la non-comparution d'une partie (§ 6); cette conséquence n'est pas prévue dans la loi prussienne. D'après cette dernière loi, le partage n'a „ni la force d'un contrat, ni celle d'un jugement" (motifs), d'où il résulte que les non-comparants peuvent toujours poursuivre les autres parties, dès qu'ils prétendent qu'ils ont été lésés dans leurs intérêts. D'après le § 18 au contraire, les parties non-comparues sont définitivement liées par le partage, sauf les cas prévus par les §§ 16 et 50. Les motifs de cette dispositions sont les suivants: la procédure de partage judiciaire ne peut réellement atteindre son but, que si elle se termine par un partage définitif. Si elle doit sérieusement remplacer l'ancienne procédure, il est indispensable qu'elle arrive à un résultat définitif et protège les parties contre tout procès ou difficulté ultérieure. Comme le jugement homologué du droit actuel, de même le partage homologué ne doit pouvoir être attaqué que sous les mêmes conditions que le partage contractuel (al. 3). Ce n'est que sous cette garantie qu'on peut se passer des formalités de l'instance judiciaire.

Il y a lieu cependant de faire observer, que le partage contractuel n'est pas seulement attaquable par les moyens de rescision énumérés par l'art. 887 Code civil — violence, dol, lésion de plus

der §§ 703 und 705 der Civilprozeßordnung über die Zwangsvollstreckung aus notariellen Urkunden finden entsprechende Anwendung.

Die rechtskräftig bestätigte Theilung ist auch für die ausbleibenden Betheiligten bindend.

Hinsichtlich der Anfechtung der Theilung kommen die bestehenden Vorschriften über die Anfechtung einer vertragsmäßigen Theilung zur Anwendung.

§ 19. Die im Artikel 2109 des Code civil sowie im Artikel 6 des Ueberschreibungsgesetzes vom 23. März 1855 bestimmten Fristen beginnen hinsichtlich bestätigter Theilungen mit dem Tage der Rechtskraft des Beschlusses.

Die Frist zur Einregistrirung der Theilungsurkunde beginnt mit dem Tage, an welchem die letztere an den Notar zurückgelangt (§ 17 Abs. 4). Der Notar hat diesen Tag auf der Urkunde zu vermerken.

§ 20. Die öffentliche Zustellung an einen Betheiligten kann nur durch das Theilungsgericht angeordnet werden.

Hierbei ist jedoch wohl zu merken, daß die vertragsmäßige Theilung nicht nur aus den in Art. 887 des Code civil hervorgehobenen Rescissionsgründen — Zwang, Betrug, Verletzung über ein Viertel —, sondern auch aus dem Grunde angefochten werden kann, weil dieselbe auf unrichtigen Grundlagen beruht, z. B. weil Gegenstände, welche nicht zur Theilungsmasse gehören, hereingezogen oder weil die Antheils-Quoten der Betheiligten unrichtig angenommen worden sind. Auch das die gerichtliche Theilung abschließende Homologationsurtheil des französischen Rechts schließt die Geltendmachung der zuletzt erwähnten Anfechtungsgründe nicht aus (vergl. Aubry und Rau, Band VI, § 626), und es besteht zwischen den Erschienenen und den Ausbleibenden ein Unterschied nur insofern, als jene unter Umständen einen Irrthum bei Abschluß der Theilung werden beweisen müssen, während bei diesen der Nachweis der objektiven Unrichtigkeit genügt. Die Absicht des Gesetzes ist dahin gerichtet, das jetzige Recht in diesem Punkte unverändert zu lassen (B.).

§ 19. Die Fristen zur Wahrung des Theilungsprivilegs beginnen zweckmäßig für alle Theilungsgenossen gleichheitlich mit dem Tage der Rechtskraft des Beschlusses, dessen Vermerk auf der Urkunde (§ 16 Abs. 4) dem Hypothekenbewahrer die erforderliche Prüfung ermöglicht. Für die Einregistrirungsfrist erscheint es dagegen zweckmäßig, den Tag, an welchem die Urkunde zum Notar zurückgelangt, als Ausgangspunkt zu behandeln (M.).

§ 20. Hinsichtlich der Ladungen und Zustellungen kommen die allgemeinen Bestimmungen der Civilprozeßordnung zur Anwendung; es empfiehlt sich, dies ausdrücklich im Abs. 4 hervorzuheben, um nicht der Annahme Raum zu lassen, daß zu den Verhandlungsterminen vor

applicables dans ce cas les prescriptions des §§ 703 et 705 du Code de procédure civile, relatives à l'exécution forcée en vertu d'actes notariés.

Le partage homologué et devenu exécutoire a également force obligatoire pour les parties intéressées qui n'y ont pas participé.

A l'action en révision s'appliquent les dispositions légales sur l'annulation de l'acte de partage conventionnel.

§ 19. Pour les partages homologués les délais prescrits par l'article 2109 du Code civil et l'article 6 de la loi sur la transcription du 23 mars 1855 courent du jour où la décision est devenue exécutoire.

Le délai pour faire enregistrer l'acte de partage court du jour où l'acte est retourné au notaire (§ 17 al. 4). Le notaire devra faire mention de ce jour sur l'acte même.

§ 20. La signification par voie de notification publique à l'une des parties ne peut être ordonnée que par le tribunal saisi du partage.

---

d'un quart —, mais aussi s'il ne repose pas sur une base réelle, par exemple si des objets qui ne dépendaient pas d'une masse y ont été ajoutés ou si la part de l'une ou l'autre partie intéressée a été mal calculée. Le jugement d'homologation n'exclut pas dans le système français les moyens de rescision dont il vient d'être parlé (comp. Aubry et Rau, VI p. 626): entre les parties qui ont assisté au partage et les non-comparants, il n'existe que cette différence, que les premières sont tenues de prouver, le cas échéant leur erreur, tandis que les seconds n'ont qu'à justifier la fausseté des opérations. Le but de la loi est de conserver intact à ce sujet le droit actuel (R.).

§ 19. Les délais pour la conservation du privilège résultant du partage doivent raisonnablement commencer à courir pour tous les copartageants en même temps, du jour où l'ordonnance est devenue exécutoire. La mention de la force exécutoire sur l'acte (§ 16 al. 4), met le conservateur des hypothèques en mesure de se livrer aux vérifications qui lui paraissent nécessaires. Pour le délai d'enregistrement, il a semblé utile de prendre comme point de départ le jour où l'acte est revenu en l'étude du notaire.

§ 20. Les dispositions générales du C. de pr. civ. s'appliquent aux significations et citations. L'al. 4 l'indique spécialement, pour éviter l'erreur de croire, qu'un simple avertissement de comparaître devant le notaire, par une simple lettre par ex. peut suffire (R.).

Les absents dans le sens de l'art. 112 Code civil sont représentés pour les significations en principe par le notaire chargé de

Betheiligte, welche ihren Wohnsitz außerhalb des Deutschen Reichs haben, müssen spätestens in dem ersten Verhandlungstermin vor dem Notar diesem einen innerhalb des Deutschen Reichs wohnhaften Zustellungsbevollmächtigten benennen, widrigenfalls alle fernere Zustellungen an sie durch Aufgabe zur Post (§§ 161, 175 der Civilprozeßordnung) erfolgen. Die Postsendungen sind mit der Bezeichnung „Einschreiben" zu versehen.

Zustellungen für Abwesende erfolgen an deren Vertreter. Auf Antrag eines nach Artikel 113 des Code civil bestellten Vertreters oder eines Betheiligten kann jedoch das Theilungsgericht anordnen, daß öffentliche Zustellung an den Abwesenden geschehe.

Im übrigen erfolgen die Zustellungen nach Maßgabe der Vorschriften der Civilprozeßordnung.

§ 21. Bei allen Ladungen zu Terminen ist, insoweit in diesem Gesetze nicht ein anderes bestimmt ist, den Geladenen eine Erscheinungsfrist von zwei Wochen zu belassen. Diese Vorschrift findet auf Vertagungen keine Anwendung.

Bei der Vertagung eines Termins gilt die Verkündung des neuen Termins als Ladung für alle zu dem vertagten Termin geladenen Betheiligten.

§ 22. Der Bevollmächtigte eines Betheiligten hat die Bevollmächtigung gemäß § 76 der Civilprozeßordnung nachzuweisen und den Nachweis zu den Akten des Notars abzugeben.

---

dem Notar eine formlose Benachrichtigung, wie ein einfacher Brief, genüge (B.).

Die Abwesenden im Sinne des Artikels 112 des Code civil werden bezüglich der Zustellungen im Verfahren vor dem Notar grundsätzlich durch den ihnen gemäß Art. 113 daselbst bestellten Notar vertreten. Da diese Vertretung aber wegen mangelnder Information häufig nur eine formelle sein wird, so wird in solchen Fällen die öffentliche Zustellung an den Abwesenden wünschenswerth sein; Abs. 3 sieht daher vor, daß auf Antrag eines Betheiligten oder des vertretenden Notars die Zustellung an den Abwesenden selbst vom Theilungsgericht angeordnet werden kann. Auch in den übrigen Fällen der öffentlichen Zustellung (vgl. C.=P.=O. § 186 Abs. 2) erscheint es schon wegen der erheblichen Kosten einer solchen angezeigt, dazu eine gerichtliche Anordnung zu erfordern, und wird letztere daher im Abs. 1, entsprechend dem § 187 C.=P.=O., ausnahmslos vorgesehen (M.).

§ 21. Vgl. C.=P.=O. §§ 194, 195.

Les intéressés domiciliés en dehors du territoire de l'Empire allemand sont tenus de désigner au notaire, au plus tard le jour fixé pour les premiers débats, un fondé de pouvoir chargé de recevoir les significations, sinon toutes les significations à leur faire seront effectuées par remise à la poste (§§ 161, 175 Code de procédure civile). Ces envois par la poste doivent porter la mention „Einschreiben“ (chargé).

Les significations à faire aux absents se font entre les mains de leurs représentants. Néanmoins sur la demande d'un représentant commis en vertu de l'art. 113 du Code civil ou d'une partie intéressée, le tribunal saisi du partage peut ordonner que la signification aux absents aura lieu par notification publique.

Les notifications sont réglées au surplus par les dispositions du Code de procédure civile.

§ 21. Pour toutes citations de comparaître, il doit être donné aux personnes citées un délai de 2 semaines pour comparaître, en tant que la présente loi ne contient pas d'autres prescriptions. Cette prescription n'est pas applicable aux remises.

En cas de remise du terme, la publication du nouveau jour est à considérer comme citation pour toutes les parties citées à comparaître au terme précédent.

§ 22. Le fondé de pouvoir d'une des parties aura à prouver son mandat dans le cas du § 76 du Code de procédure civile et à en remettre la justification au dossier du notaire.

---

les représenter (art. 113. C. civ.). Cette représentation peut dans certains cas n'être que formelle; si une notification publique devait paraître utile, cette notification devrait se faire sur les ordres du juge, si une partie intéressée ou le notaire représentant en faisait la demande (al. 3). De même dans les autres cas de notification publique (comp. C. de pr. civ. § 186 al. 2), il parait opportun à cause des frais considérables qu'elle occasionne, de la laisser à titre appréciation du juge; ce n'est qu'exceptionnellement qu'elle sera ordonnée en conformité du § 187 C. de pr. civ. (M.).

§ 21. Comp. les §§ 194, 195 Code de proc. civ.

§ 23. Die Kosten des Verfahrens vor dem Theilungsgericht und des Verfahrens vor dem Notar, einschließlich derjenigen Kosten, welche zur Einsetzung der Betheiligten in den Besitz der ihnen zugewiesenen Theile erforderlich sind, fallen der Masse zur Last. Ein Gleiches gilt von den für die Anfertigung des Antrags auf Eröffnung des Verfahrens (§ 2 Abs. 2) aufgewendeten Kosten, sofern die Anfertigung durch einen Dritten nach dem Ermessen des Gerichts zur zweckentsprechenden Einleitung des Verfahrens nothwendig war.

Die Gebühren und Auslagen eines Bevollmächtigten sind von dem Machtgeber, die Kosten der Beschwerdeinstanz nach Maßgabe der gerichtlichen Entscheidungen zu tragen.

Die besonderen Kosten, welche dadurch entstehen, daß ein Betheiligter eine Herausgabe zu leisten hat, fallen dem Letzteren zur Last.

---

§ 23. Abs. 1, Satz 1 entspricht der Natur der Sache und der bisherigen Uebung. Zur Einsetzung der Betheiligten in den Besitz sind beispielsweise noch Eintragungen in die Register des Hypothekenamts und Zustellungen an Schuldner erforderlich. Selbstverständlich gehören zu den Massekosten auch die Kosten der Zustellungen der notariellen Ladungen, sowie die nach § 56 zu ersetzenden Zustellungskosten. — Die Gebühren und Auslagen von Rechtsanwälten und sonstigen Bevollmächtigten eines Betheiligten für die Vertretung oder Verbeistandung bei den Verhandlungen vor dem Notar fallen schon nach jetzigem Rechte der Masse nicht zur Last; es besteht kein Grund, in dieser Beziehung eine Aenderung eintreten zu lassen, da solche Beistände nicht die Interessen der Gesammtheit, sondern nur die Interessen ihres Auftraggebers zu vertreten haben. Anders verhält es sich mit der Thätigkeit desjenigen, der im Auftrage eines Betheiligten den Antrag auf Eröffnung des gerichtlichen Theilungsverfahrens aufnimmt; dieser Antrag liegt im gemeinschaftlichen Interesse sämmtlicher Betheiligten. Allerdings bietet derselbe in den meisten Fällen keine besondere Schwierigkeit, so daß es hierzu der Beiziehung eines Dritten in der Regel nicht bedarf. Bedient ein Betheiligter sich eines solchen, so sollen die dadurch verursachten Kosten der Masse dann zur Last fallen, wenn die Anfertigung des Antrags durch einen Dritten nach dem Ermessen des Gerichts zur zweckentsprechenden Einleitung des Verfahrens nothwendig war (B.).

Dadurch, daß inhaltlich der Theilungsurkunde ein Betheiligter eine Herausgabe zu leisten hat, entstehen besondere Kosten, insbesondere Registrirungsgebühren. Es erscheint billig und dem bestehenden Rechte entsprechend, diese Gebühren nicht der Masse, sondern dem betreffenden Betheiligten zur Last zu legen. Ein diesbezüglicher Zusatz wurde von der Kommission beschlossen. — Einer besonderen Erwähnung bedarf es nicht, daß die aus Anlaß der Feststellung von Vorempfängen in der Theilung zur Erhebung kommenden besonderen Gebühren nur zu Lasten des Empfängers sind (B.).

§ 23. Les frais de la procédure devant le tribunal saisi du partage ainsi que des opérations devant le notaire et les frais nécessaires pour mettre les intéressés en possession de leurs lots respectifs sont à la charge de la masse.

Il en est de même des frais occasionnés par la rédaction de la demande en ouverture de la procédure (§ 2 alinéa 2), dans le cas où d'après l'avis du juge, la rédaction de cet acte par un tiens était nécessaire, pour ouvrir utilement les opérations de partage.

Les frais et déboursés d'un fondé de pouvoir sont à la charge du mandant, les frais de l'instance en recours sont à supporter dans la mesure de la décision judiciaire qui sera intervenue sur le recours.

Les frais spéciaux, qui sont occasionnés par une soulte, qu'une partie peut avoir à payer, restent à sa charge.

---

§ 23. Les dispositions de la première partie de l'alinéa 1 découlent de la nature des opérations et sont conformes à l'usage. La délivrance des objets aux parties intéressées occasionne souvent des frais, par ex. de mention au bureau des hypothèques ou de significations à des débiteurs. Parmi les frais au compte de la masse figurent naturellement les frais des citations à comparaître devant le notaire ainsi que les frais de significations qui sont à rembourser en vertu du § 56. Les honoraires et déboursés des avoués et des mandataires pour assistance ou représentation aux opérations en l'étude du notaire, ne tombent pas déjà à la charge de la masse d'après la législation en vigueur. Il n'y a pas lieu de modifier cet état de choses, ces mandataires ne défendant que les intérêts de leur partie et non les intérêts de l'ensemble des cointéressés. Il en est autrement du rédacteur de la demande en ouverture de la procédure de partage judicaire, la demande est rédigée dans ce cas dans l'intérêt commun de toutes les parties intéressées. Elle ne présente pas, il est vrai en règle générale, des difficultés telles qu'il faille recourir à l'intervention d'un tiers. Dans le cas où une partie s'est servie d'un pareil intermédiaire, les frais qui en résultent tombent à la charge de la masse, si cette intervention paraissait utile d'après l'avis du juge pour introduire régulièrement la procédure (R.).

Les soultes dans les partages occasionnent toujours des frais, surtout des frais d'enregistrement. L'équité exige le maintien à ce sujet du droit actuel, qui met les frais qui en résultent à la charge de la partie qui paie la soulte et non au compte de la masse. La commission a introduit cette disposition, qui est pleinement justifiée. Il semble inutile d'observer, que les frais pouvant résulter d'avancements d'hoirie dans un partage restent à la charge de la partie à laquelle l'avance a été faite.

§ 24. Auf die in diesem Gesetz vorgesehenen Verhandlungen vor dem Notar finden die allgemeinen Vorschriften über notarielle Verhandlungen und Urkunden Anwendung.

§ 25. Die Anordnungen über die Aufbewahrung gemeinschaftlicher Urkunden werden im Falle der Meinungsverschiedenheit unter den Betheiligten durch das Theilungsgericht getroffen.

II. Vertragsmäßige Theilung im Falle der Betheiligung von Handlungsunfähigen.

§ 26. Bei Betheiligung der im § 7 Absatz 2 bezeichneten Personen kann die Theilung durch Vertrag endgültig erfolgen, wenn darüber eine notarielle, die vollständige Auseinandersetzung der Betheiligten enthaltende Urkunde errichtet wird und

---

§ 24. Durch § 24 ist insbesondere klargestellt, daß die Verhandlungen vor dem Notar ohne Zuziehung von Zeugen stattfinden (§ 6 des Notariats-Gesetzes vom 26. Dezember 1873) (M.).

§ 25. Vgl. C. c. Art. 842.

§ 26. Das Gesetz wiederholt in Abs. 1 bis 3, abgesehen von der ausnahmslosen Uebertragung der Bestätigung an das Amtsgericht, genau die bewährten Vorschriften des § 1 des Gesetzes vom 1. Dezember 1873; § 3 daselbst ist durch Abs. 5 und die darin erwähnten Vorschriften ersetzt; § 2 ist insofern gegenstandslos, als das Gesetz (§ 13) die Loosebildung für das gerichtliche Verfahren nicht schlechthin vorschreibt und den Art. 832 des Code civil im § 57 beseitigt; die Befreiung der Vergleiche bei der Theilung von den Vorschriften des Art. 467 des Code civil, soweit solche noch bestehen (vgl. § 8 des Vormundschaftsgesetzes vom 16. Juni 1887, Gesetzbl. S. 49), ist im Abs. 4 wiederholt. Auch die gemäß des § 26 aufgenommene Theilungsurkunde bedarf der gleichmäßigen Vollstreckbarkeit für die Gesammtheit der darin verbrieften Ansprüche (vgl. zu § 18). Soweit aber die Urkunde privatschriftlich oder von dem Amtsrichter vollzogen ist, muß die Zwangsvollstreckung nach Maßgabe der für gerichtliche Urkunden gegebenen Vorschriften stattfinden. Mit dieser Maßgabe verweist der Abs. 6 auf § 18 Abs. 1. Die in § 19 Abs. 1 bezeichneten Fristen sollen, wie bisher, vom Tage des Bestätigungsbeschlusses laufen, und dasselbe erscheint für die Frist zur Einregistrirung nicht notarieller Theilungen angezeigt; für notarielle Akte bleibt es bei der im § 19 Abs. 2 enthaltenen Regel (M.).

Der letzte Absatz erledigt die bisherigen Meinungsverschiedenheiten über die Anwendbarkeit der Vorschriften über die vertragsmäßige Theilung im Falle der Betheiligung von auswärtigen Bevormundeten im negativen Sinne, um Verwicklungen vorzubeugen. Es war dies um so eher zu empfehlen, als auch das gerichtliche Theilungsverfahren nach dem neuen Gesetze wesentlich einfacher und billiger ist als nach dem bisherigen Rechte (B.).

§ 24. La procédure devant notaire, telle qu'elle est prévue par la présente loi, est régie par les prescriptions générales sur les opérations et les actes des notaires.

§ 25. Les mesures à prendre pour la conservation de documents communs sont ordonnées par le tribunal saisi du partage, si les parties ne tombent pas d'accord à ce sujet.

II. Du partage conventionnel dans le cas où des personnes incapables sont intéressées.

§ 26. Dans le cas où des personnes désignées au § 7 alin. 2 sont intéressées, le partage peut se faire définitivement à l'amiable par un acte notarié, contenant la liquidation complète des droits des copartageants et homologué par

---

§ 24. Le § 24 a surtout pour objet d'indiquer, que les opérations devant le notaire ont lieu sans la présence de témoins. (§ 6 de loi sur le notariat du 26 décembre 1873 (M.).

§ 25. Comp. article 842 Code civil.

§ 26. La loi reproduit dans les alinéas 1 à 3, abstraction faite de la compétence exclusive des Amtsgerichte pour homologuer les partages, les dispositions du § 1 de la loi du 1 décembre 1873, dont la pratique a reconnu l'utilité; le § 3 est remplacé par l'alinéa 5, le § 2 est devenu sans objet, en ce sens que la loi (§ 13) ne prescrit pas le lotissement dans les partages, tout en abrogeant dans le § 57 l'art. 832 Code civil. L'alinéa 4 renouvelle la dispence de se conformer aux prescriptions de l'article 467 Code civil, en tant qu'elles subsistent encore (comp. § 8 de la loi sur la tutelle du 16 juin 1887, Bull. des lois p. 49). L'acte de partage dressé en conformité du § 26 devient exécutoire pour tous les droits consignés dans l'acte et que les parties peuvent faire valoir l'une vis-à-vis de l'autre (comp. obs. sur § 18). Si l'acte a été fait sous seing-privé ou a été dressé devant l'Amtsrichter, l'exécution forcée n'en découle que suivant les règles tracées pour les actes judiciaires. C'est dans ce sens que l'alinéa 6 renvoie au § 18 alinéa 1. Les délais prévus par le § 19 alinéa 1 courent, comme jusqu'à présent, du jour de l'ordonnance d'homologation; les mêmes délais paraissent nécessaires pour l'enregistrement des partages, qui ne sont pas passés devant notaire. Le § 19 alinéa 2 s'applique aux actes notariés (M.).

Le dernier alinéa fait disparaître les doutes qui existent sur l'application des dispositions concernant les partages contractuels, dans les cas où des mineurs étrangers y sont intéressés; il déclare, pour éviter toute complication, que ces dispositions ne s'appliquent pas à ces cas. Cette conséquence est pleinement justifiée, la procédure du partage judiciaire étant devenue plus simple et moins dispendieuse que sous l'ancienne législation (R.).

das Amtsgericht sie bestätigt. Der Bestätigung muß in Ansehung der Minderjährigen und Entmündigten ein die Theilung genehmigender Beschluß des Familienraths vorhergehen.

Uebersteigt nach Ausweis des Erbverzeichnisses oder einer anderweitigen Feststellung der Antheil keiner der vorerwähnten Personen bei der Theilung den Betrag von 500 Mark, so genügt es, daß die Auseinandersetzung privatschriftlich oder vor dem Amtsgericht vollzogen wird. Eine solche, vom Familienrath genehmigte und vom Amtsgericht bestätigte Theilung kann nicht deßhalb angefochten werden, weil die vorbezeichnete Voraussetzung der Zulässigkeit derselben nicht vorhanden gewesen sei.

Die gerichtliche Beurkundung und Bestätigung erfolgt im Gerichtsstand der Erbschaft oder, falls ein solcher im Geltungsbereich dieses Gesetzes nicht begründet ist, im Gerichtsstand der Vormundschaft, beziehungsweise des mitbetheiligten Abwesenden. Unter mehreren zuständigen Gerichten haben die Betheiligten die Wahl.

Vergleiche sind bei der Theilung zulässig und unterliegen den Vorschriften des Artikels 467 des Code civil nicht. Auch kann die Fortsetzung der Gemeinschaft bezüglich einzelner Gegenstände vereinbart werden.

Ist die Veräußerung gemeinschaftlicher Liegenschaften vor der Theilung erforderlich, so ist in Gemäßheit der §§ 41 bis 45 zu verfahren.

Auf die bestätigte Theilungsurkunde findet die Vorschrift des § 18 Absatz 1 Anwendung. Ist die Urkunde privatschriftlich oder vor dem Amtsgericht vollzogen, so sind die Bestimmungen der §§ 703 und 705 der Civilprozeßordnung über die Zwangsvollstreckung aus gerichtlichen Urkunden maßgebend. Die im § 19 bezeichneten Fristen beginnen mit dem Tage des Bestätigungsbeschlusses, die Einregistrirungsfrist bei Notariatsurkunden mit dem im § 19 Absatz 2 festgesetzten Tage.

Die vorstehenden Bestimmungen finden im Falle der Betheiligung von auswärtigen Bevormundeten, Entmündigten oder Abwesenden keine Anwendung.

l'Amtsgericht. A l'égard des mineurs et des interdits l'homologation devra être précédée d'un avis du conseil de famille approuvant le partage.

S'il résulte de l'inventaire ou d'autres justifications que la part d'aucune des personnes ci-dessus mentionnées n'a une valeur supérieure à 500 M., il suffit d'une liquidation sous-seing-privé ou dressée devant l'Amtsrichter. Un partage dressé avec l'assentiment du conseil de famille et homologué par l'Amtsgericht ne peut être attaqué pour le motif, que la condition susmentionnée de son admissibilité n'a pas existé.

Le dressé de l'acte et l'homologation judiciaires sont poursuivies devant la juridiction du lieu de l'ouverture de la succession, ou dans le cas où elle serait ouverte en dehors du territoire régi par la présente loi, devant celle de la tutelle et au besoin de l'absent copartageant. Si plusieurs tribunaux sont compétents, les parties ont la faculté de choisir.

Lors du partage les parties peuvent transiger; ces transactions sont dispensées des formalités de l'art. 467 du Code civil. Les parties peuvent également laisser dans l'indivision certains objets.

Si la vente d'immeubles indivis devient nécessaire avant le partage, elle a lieu d'après les §§ 41 à 45.

Les prescriptions du § 18 alinéa 1 sont applicables à l'acte de partage homologué. Si l'acte de partage est fait sous seing-privé ou devant l'Amtsrichter, il y a lieu d'appliquer les dispositions des §§ 703 et 705 du Code de procédure civile, relatives à l'exécution forcée en vertu d'actes judiciaires. Les délais prévus par le § 19 courent du jour de l'ordonnance d'homologation, les délais pour faire enregistrer les actes notariés, du jour fixé au second alinéa du § 19.

Les dispositions ci-dessus ne sont pas applicables dans les cas où des mineurs, interdits ou absents étrangers sont parties intéressées.

Abschnitt II.

Gerichtlicher Verkauf von Liegenschaften.

I. Verkauf im gerichtlichen Theilungsverfahren.

§ 27. Der Verkauf der Liegenschaften wird durch öffentliche Versteigerung bewirkt.

Die Versteigerung erfolgt durch den mit der Theilung beauftragten Notar, sofern nicht ein anderer Notar in Gemäßheit des § 4 Absatz 2 bezeichnet wird. Der hiernach zuständige Notar kann sich im Falle der Verhinderung durch einen anderen Notar vertreten lassen.

§ 28. Der Verkauf erfolgt unter Zugrundelegung der vorgeschlagenen Anschlagspreise, falls gegen dieselben nicht Widerspruch erhoben wird. Andernfalls erfolgt die Abschätzung der zu versteigernden Liegenschaften, sofern sie nicht bereits stattgefunden hat, durch einen oder drei Sachverständige. Die Bestimmungen des § 9 finden Anwendung.

Auf gemeinsamen Antrag der Betheiligten können die Anschlagspreise auch vom Theilungsgericht auf den Bericht des Notars festgesetzt werden.

§ 29. Der Notar entwirft die Verkaufsbedingungen. Zur Erklärung über dieselben und über das erstattete Gutachten sind die Betheiligten zu einem Termin zu laden, in welchem nach Vornahme etwaiger Abänderungen die festgestellten Bedingungen zu verkündigen sind.

Widersprüche gegen das Gutachten und die Bedingungen sind ausgeschlossen, insoweit nicht im Termin oder innerhalb zwei Wochen nach dem Termin Anträge auf Abänderung bei dem Notar gestellt worden sind.

Ueber die etwa gestellten Anträge entscheidet das Theilungsgericht.

Zur Feststellung der Verkaufsbedingungen ist hinsichtlich der im § 7 Absatz 2 bezeichneten Personen die Zustimmung des Theilungsgerichts erforderlich.

---

§ 27. Zu dem Schlusse vgl. § 11 Abs. 2.

§ 29. Ueber Meinungsverschiedenheiten bezüglich des Gutachtens und der Verkaufsbedingungen entscheidet das Theilungsgericht; der Notar kann die etwa gestellten Anträge nach § 48 Abs. 1 selbst dem Gerichte vorlegen.

Section II.

De la vente judiciaire d'immeubles.

I. Vente dans une procédure de partage judiciaire.

§ 27. La vente d'immeubles a lieu par adjudication publique.

L'adjudication a lieu devant le notaire chargé du partage, en tant qu'un autre notaire n'a pas été désigné conformément au § 4 alinéa 2. Le notaire commis peut, en cas d'empêchement, se faire remplacer par un autre notaire.

§ 28. L'adjudication a lieu sur les mises à prix proposées, dans le cas où il ne s'élève aucune objection. Dans le cas contraire, l'estimation des immeubles à vendre sera faite par un ou trois experts, à moins que cette estimation n'ait déjà été faite antérieurement. Sont applicables dans ce cas les dispositions du § 9.

Sur la demande collective des copartageants, les mises à prix peuvent également être fixées par le juge saisi du partage sur le rapport du notaire.

§ 29. Le notaire projette les conditions de la vente. Les parties sont convoquées à jour fixe pour se déclarer sur les conditions de la vente et sur le procès-verbal d'expertise; c'est dans cette séance que sont arrêtées les conditions de la vente sous les modifications, qui peuvent avoir été proposées et admises.

Les objections contre l'expertise ou les conditions de la vente ne sont admissibles, que si le notaire a été saisi de la demande en modification, soit au terme fixé ou dans les deux semaines qui suivent.

Le tribunal saisi du partage statue sur les demandes en modification.

Dans le cas où des personnes désignées au § 7 alinéa 2 sont parties intéressées, l'homologation du juge saisi du partage est nécessaire pour fixer les conditions de la vente.

---

§ 27. Comp. § 11 alinéa 2.

§ 29. Le juge du partage décide les contestations qui peuvent s'élever sur l'avis des experts et les conditions de la vente; le notaire peut d'après le § 48 alinéa 1 soumettre lui-même ces difficultés au juge (M.).

§ 30. Die Bekanntmachung des Versteigerungstermins soll enthalten:

1. die Bezeichnung der zu versteigernden Liegenschaften und deren Anschlagspreise;
2. Namen, Wohnort und Gewerbe der Personen, zu deren Vermögen oder Nachlassenschaft die Liegenschaften gehören;
3. Ort, Tag und Stunde der Versteigerung, sowie den Namen und Wohnsitz des versteigernden Notars;
4. die Anzeige, daß die vollständigen Verhandlungen in Beziehung auf den Verkauf auf der Amtsstube des Notars zu Jedermanns Einsicht kostenlos offen liegen.

§ 31. Die Bekanntmachung des Versteigerungstermins ist durch Einrückung in das im Sinne der Prozeßordnungen zur Veröffentlichung amtlicher Bekanntmachungen des Gerichts bestimmte Blatt von dem Notar zu veröffentlichen.

Die Einrückung erfolgt wenigstens einmal, und zwar frühestens sechs und spätestens zwei Wochen vor dem Versteigerungstermin.

Der Notar hat außerdem jede andere Art der Bekanntmachung, über welche die erschienenen Betheiligten übereingekommen sind, zu veranlassen.

Es bedarf der Einrückung nicht, wenn die sämmtlichen Betheiligten über eine andere Art der Bekanntmachung übereingekommen sind und, insoweit die im § 7 Absatz 2 bezeichneten Personen betheiligt sind, das Gericht hierzu die Zustimmung ertheilt hat.

Die Nachweise der erfolgten Bekanntmachung sind durch den Notar dem Versteigerungsprotokoll beizufügen, jedoch nicht mit dem letzteren auszufertigen. In dem Protokoll ist die Art und Weise der Bekanntmachung und die Beifügung der Nachweise zu erwähnen.

§ 32. Jedem Betheiligten ist die Bekanntmachung von dem Notar spätestens eine Woche vor dem Versteigerungstermin durch eingeschriebenen Brief zu übersenden. Ist der Versteigerungstermin in einem Termine verkündigt, so bedarf es

§ 31. Während der Ersatz der Einrückung durch eine andere Art der Bekanntmachung nur von sämmtlichen Betheiligten vereinbart werden kann, erscheint es unbedenklich, eine solche Bekanntmachung neben der Einrückung auf Grund Vereinbarung der Erschienenen eintreten zu lassen. Abs. 3. (M.).

§ 30. La publication de l'adjudication doit contenir :

1° la désignation des immeubles à vendre et les mises à prix ;

2° les noms, domiciles et professions des personnes, qui en sont propriétaires ou dans la succession desquelles ils se trouvent ;

3° le lieu, le jour et l'heure de l'adjudication, ainsi que les noms et domicile du notaire chargé de l'adjudication ;

4° l'avis que toutes les pièces relatives à l'adjudication sont déposées à l'étude du notaire et que chacun peut en prendre communication sans frais.

§ 31. La publication du jour de l'adjudication se fait par le notaire par voie d'insertion dans le journal désigné pour les publications officielles des tribunaux, selon les prescriptions des codes de procédure.

La publication a lieu au moins une fois, au plus tôt six semaines et au plus tard deux semaines avant le jour de l'adjudication.

Le notaire a à faire toutes les autres publications dont conviennent les parties comparues.

L'insertion n'est pas nécessaire, si tous les copartageants ont choisi un autre mode de publication, et lorsque des personnes désignées au § 7 alinéa 2 sont intéressées, si le tribunal y a donné son approbation.

Les pièces justificatives de la publication doivent être annexées par le notaire au procès-verbal d'adjudication, mais ne sont pas à expédier avec ce procès-verbal. Le procès-verbal mentionne le mode de publication et l'annexe des pièces justificatives.

§ 32. Le notaire fait parvenir les affiches à chaque intéressé par lettre chargée, au plus tard une semaine avant le jour fixé pour l'adjudication. Si l'époque de l'adjudication a été proclamée dans une séance devant le notaire, l'envoi

---

§ 31. Tandis que l'insertion ne peut être remplacée par un autre mode de publication qu'avec le consentement de toutes les parties intéressées, tout autre mode de publication paraît admissible à côté de l'insertion, si les parties qui ont comparu s'entendent à cet égard.

der Uebersendung nicht bezüglich derjenigen Betheiligten, welche in diesem Termin anwesend waren.

§ 33. Die Versteigerung muß öffentlich an dem in der Ankündigung bezeichneten Orte und Tage abgehalten werden; sie darf nicht vor der bezeichneten Stunde beginnen.

Die Verkaufsbedingungen sind vorzulesen.

§ 34. Der Zuschlag erfolgt, sobald nach einem Gebote drei nach einander angezündete Kerzen, deren jede wenigstens eine Minute brennt, erloschen sind, ohne daß ein höheres Gebot erfolgt ist.

§ 35. Unbekannte, Nichtangesessene oder offenkundig Zahlungsunfähige müssen, um zum Mitbieten zugelassen zu werden, auf Entscheidung des Notars, die endgültig ist, einen als Selbstschuldner haftenden zahlungsfähigen Bürgen oder in sonstiger Weise hinlängliche Sicherheit bestellen oder als Bevollmächtigte einer zahlungsfähigen Person sich ausweisen.

§ 36. Jeder Bieter bleibt an sein Gebot gebunden, so lange kein Mehrgebot erfolgt.

§ 37. Wer für einen Dritten ansteigert, ohne eine ihm dazu ertheilte Vollmacht in authentischer oder beglaubigter Form vorzulegen, ist für die Erfüllung aller für den Dritten eingegangenen Verbindlichkeiten verhaftet. Im Falle der Vorlage der Vollmacht ist dieselbe dem Versteigerungsprotokoll beizufügen. Die Beglaubigung kann durch einen Bürgermeister erfolgen.

§ 38. Wer für sich den Zuschlag erhalten hat, ist befugt, innerhalb dreier Tage nach dem Tage des Zuschlags einen Dritten als diejenige Person zu benennen, für welche er angesteigert hat. Die Benennung muß unter Beifügung der authentischen oder beglaubigten Vollmacht (§ 37) oder mit der Zustimmungserklärung des Dritten zum Protokolle des Notars geschehen.

Das Protokoll ist als eine Fortsetzung des Versteigerungsprotokolls aufzunehmen.

Der Dritte ist als der unmittelbare Ansteigerer zu betrachten; jedoch bleibt Derjenige, welcher für sich den Zuschlag erhalten hat, für die Erfüllung aller Bedingungen persönlich und mit dem Dritten solidarisch verhaftet.

---

§ 34. Vgl. § 16 Abs. 2 des Zwangsvollstreckungsgesetzes.

§ 37. Die Kommission hat aus praktischen Gründen auch das Ansteigern für einen Dritten ohne Vollmacht zugelassen.

des affiches n'est pas nécessaire pour les parties qui ont assisté à cette séance.

§ 33. L'adjudication se fait publiquement au lieu et au jour désigné dans la publication; elle ne peut commencer avant l'heure indiquée.

Il sera donné lecture des conditions de l'adjudication.

§ 34. L'immeuble est adjugé, dès que sur une enchère trois bougies successivement allumées et dont chacune a brûlé pendant au moins une minute, se sont éteintes sans nouvelle enchère.

§ 35. Le notaire peut décider, sans que sa décision soit soumise à un recours, que des personnes inconnues, étrangères ou notoirement insolvables ne seront admises aux enchères, que si elles fournissent une caution solidaire solvable ou une autre garantie suffisante, ou si elles prouvent qu'elles sont munies d'une procuration d'une personne solvable.

§ 36. Chaque enchérisseur est lié par son enchère, tant qu'il n'a pas été fait de mise supérieure.

§ 37. Quiconque enchérit pour un tiers sans produire une procuration authentique ou légalisée, qui lui a été délivrée à cet effet, est responsable de l'exécution de toutes les obligations prises pour le tiers. Si la procuration est produite, elle est annexée au procès-verbal d'adjudication. La légalisation peut être faite par le maire.

§ 38. Tout adjudicataire peut dans les trois jours après le jour de l'adjudication désigner un tiers pour lequel il a enchéri. Au moment de la consignation de la déclaration sur le procès-verbal du notaire, il devra produire une procuration authentique ou légalisée (§ 37) ou l'acceptation personnelle du tiers.

Le procès-verbal est à rédiger comme suite du procès-verbal d'adjudication.

Le tiers est réputé adjudicataire direct; cependant le premier adjudicataire est tenu d'exécuter personnellement et comme codébiteur solidaire avec le tiers toutes les conditions de l'adjudication.

---

§ 34. Comp. le § 14 alinéa 2 de la loi concernant l'expr. forcée sur les immeubles.

§ 37. Pour des motifs pratiques la commission a décidé d'admettre l'adjudicataire à miser pour un tiers même sans procuration.

§ 39. Bleiben die Gebote unter dem Anschlagspreis, so ist ein vorläufiger Zuschlag zu ertheilen; derselbe wird endgültig, wenn binnen zwei Wochen nach der Versteigerung die Bestätigung durch die Betheiligten und, sofern darunter eine der im § 7 Absatz 2 bezeichneten Personen sich befindet, zugleich durch das Theilungsgericht erfolgt ist. Bis zum Ablauf dieser Frist bleibt der Ansteigerer gebunden.

Wird der Zuschlag nicht endgültig, so findet auf Antrag eines Betheiligten eine neue Versteigerung statt, bei welcher der Zuschlag unter dem Anschlagspreis ertheilt wird; bei derselben ist wie bei der ersten zu verfahren. In der Bekanntmachung des neuen Termins ist anzugeben, daß der Zuschlag unter dem Anschlagspreis erfolgt.

§ 40. Aus dem Versteigerungsprotokoll findet die gerichtliche Zwangsvollstreckung auf Erfüllung der Kaufbedingungen und auf Räumung statt. Die Vorschriften der §§ 703 und 705 der Civilprozeßordnung über die Zwangsvollstreckung aus notariellen Urkunden finden entsprechende Anwendung.

---

§ 40. Nach gegenwärtigem Rechte kann weder der Veräußerer die Erfüllung von Kaufbedingungen außer dem Kaufpreis, noch der Ansteigerer die Räumung des Kaufobjektes lediglich auf Grund des Versteigerungsprotokolles und ohne Richterspruch zwangsweise erwirken. Der § 40 hat den Zweck, die Vollstreckbarkeit des Versteigerungsprotokolles auch auf diese Leistungen auszudehnen und dadurch eine in der Praxis oft empfundene Lücke auszufüllen. Auch bedarf es nicht der in der Civilprozeßordnung vorgesehenen ausdrücklichen Unterwerfung der Betheiligten unter die Zwangsvollstreckung (B.).

Zu II. Das Gesetz vom 1. Dezember 1873 unterscheidet zwischen den Fällen, wo die Liegenschaften Handlungsunfähigen in Gemeinschaft mit Dritten, und den Fällen, wo sie ausschließlich Handlungsunfähigen, die unter derselben Vormundschaft stehen, gehören. In jenen Fällen muß nach dem erwähnten Gesetze der Genehmigung des Familienrathes und der gerichtlichen Bestätigung ein Vereinbarungsakt vorausgehen, welcher die förmliche Zustimmung aller betheiligten Handlungsfähigen enthält. Dieser förmliche Vereinbarungsakt hat sich in der Praxis vielfach als unnöthig erwiesen; es genügt, daß in irgend einer Form die Zustimmung der handlungsfähigen Betheiligten kundgegeben wird.

Das Gesetz hält daher jene Unterscheidung nicht aufrecht und faßt die beiden Arten von Fällen zusammen (B.).

Außerdem sind die Bestimmungen des Gesetzes von 1873 über die Verpfändung oder dingliche Belastung der Mündelgüter und das Aufnehmen eines Darlehens für den Mündel sowie die Vorschriften über den Verkauf aus freier Hand auch auf den Fall der Mitbetheiligung dritter Personen ausgedehnt (M.).

§ 39. Si les enchères restent au-dessous de la mise à prix, l'adjudication est provisoire; elle devient définitive si dans le délai de deux semaines après l'adjudication, elle est ratifiée par les copartageants, et en tant que des personnes désignées au § 7 alinéa 2 sont intéressées, par le tribunal saisi du partage. L'adjudicataire reste engagé jusqu'à l'expiration de ce délai.

Si l'adjudication n'est pas définitive, de nouvelles enchères, où l'adjudication se fait à tout prix, ont lieu à la demande d'une des parties intéressées; la procédure pour cette adjudication est la même que pour la première. Dans l'annonce, il est fait mention que l'adjudication aura lieu même au-dessous de la mise à prix.

§ 40. L'exécution forcée pour l'accomplissement des conditions de la vente et pour le délaissement aura lieu en vertu du procès-verbal d'adjudication. Sont applicables les prescriptions des §§ 703 et 705 du Code de procédure civile relative à l'exécution forcée en vertu d'actes notariés.

L'expédition du procès-verbal d'adjudication, ou l'extrait de ce dernier, ou la grosse exécutoire à fin d'arriver au délaissement, ne seront délivrés à l'acquéreur que sur la justification qu'il a payé les frais, qui lui incombent et qu'il a rempli toutes les conditions se rattachant à cette expédition.

II. Des autres ventes volontaires.

§ 41. Les immeubles appartenant exclusivement à des mineurs ou interdits ou qui sont indivis avec d'autres,

---

§ 40. D'après la législation actuellement en vigueur, le vendeur ne peut contraindre l'adjudicataire en vertu du procès-verbal d'adjudication et sans qu'il intervienne un jugement, à remplir les conditions de la vente autres que celle relative au paiement du prix; de même l'adjudicataire ne peut, sans un jugement de condamnation, faire déguerpir le détenteur de l'immeuble. Le § 40 a pour objet d'étendre la force exécutoire du procès-verbal d'adjudication aux autres conditions du cahier des charges et de combler ainsi une lacune qu'on a souvent regrettée dans la pratique. Il n'est pas nécessaire que dans ce cas la partie se soumette, comme le prescrit le Code de procéd. civile, formellement à l'exécution (R.).

§ 41 alinéa 2. La loi du 1er décembre 1873 distingue le cas où les immeubles appartiennent indivisément à des incapables et à

Dem Ansteigerer ist eine Ausfertigung des Versteigerungsprotokolls oder ein Auszug aus demselben oder zum Zweck der Herbeiführung der Räumung eine vollstreckbare Ausfertigung erst zu ertheilen, nachdem er die Zahlung des ihm zur Last fallenden Kostenbetrages und die Erfüllung der auf die Ausfertigung bezüglichen Bedingungen nachgewiesen hat.

II. Sonstige freiwillige Verkäufe.

§ 41. Liegenschaften, welche Minderjährigen oder Entmündigten allein oder in Gemeinschaft mit Anderen gehören, können außerhalb des gerichtlichen Theilungsverfahrens veräußert werden, sofern der Familienrath den Verkauf durch einen gerichtlich (§ 42 Abs. 2) bestätigten Beschluß genehmigt hat und die Zustimmung der etwa sonst Betheiligten ertheilt ist.

Ein Gleiches gilt für die Verpfändung oder dingliche Belastung der im Absatz 1 bezeichneten Liegenschaften, sowie für die Aufnahme eines Darlehns für den Pflegebefohlenen.

Gehören die Liegenschaften einem Bevormundeten allein oder in Gemeinschaft mit solchen Pflegebefohlenen, die unter der nämlichen Vormundschaft stehen und keine einander widersprechende Interessen haben, so darf die Genehmigung nur ertheilt werden, wenn die Veräußerung nothwendig ist oder den Bevormundeten zu offenbarem Nutzen gereicht. Der Gegenvormund ist zu dem Familienrath als stimmberechtigtes Mitglied zuzuziehen.

§ 42. Der Familienrathsbeschluß (§ 41) muß die Beschaffenheit und die Anschlagspreise der Liegenschaften, sowie eintretendenfalls die Verkaufsbedingungen enthalten. Die Zustimmung der anderen Betheiligten kann im Familienrathsbeschluß oder in der auf Grund desselben errichteten Vertragsurkunde oder in einer besonderen Vereinbarungsurkunde, welche privatschriftlich oder notariell vor dem Amtsgericht zu vollziehen ist, erklärt werden.

---

§ 41. Dagegen findet die materielle Vorschrift des Abs. 3 nur Anwendung, wenn Dritte nicht betheiligt sind, und die Pflegbefohlenen dasselbe Interesse haben. Andernfalls ist das Gesammtinteresse, zur Theilung zu gelangen, maßgebend, und bedarf es der Feststellung nach Abs. 3 nicht (B.).

§ 42. Abs. 3. Code civil Art. 113 wird zweckmäßiger Weise auf den Fall des Verkaufs ausgedehnt (M.).

peuvent être aliénés en dehors de la procédure de partage judiciaire, si le conseil de famille approuve la vente par une délibération homologuée par le juge (§ 42 alinéa 2) et si les autres parties intéressées y donnent leur adhésion.

Ces dispositions s'appliquent également dans les cas où il s'agit d'hypothéquer ou de grever les immeubles désignés dans l'alinéa 1 ou de contracter un emprunt pour le pupille.

Si les immeubles appartiennent à un mineur seul ou en communauté avec des incapables placés sous la même tutelle et qui n'ont pas d'intérêts opposés, l'approbation ne pourra être donnée que si l'aliénation est nécessaire ou présente un avantage évident pour les incapables. Le subrogé-tuteur sera appelé au conseil de famille avec voix délibérative.

§ 42. La délibération du conseil de famille (§ 41) devra indiquer la nature et les mises à prix des immeubles, ainsi que, le cas échéant, les conditions de la vente. L'assentiment des autres intéressés pourra être déclaré dans la délibération du conseil de famille, ou dans l'acte dressé en

---

des tiers, de celui où ils appartiennent exclusivement à des incapables, se trouvant sous la même tutelle. Dans le premier cas, cette loi exige un „Vereinbarungsact“, approuvé par les parties capables de contracter, avant qu'il soit soumis au conseil de famille et à l'homologation du tribunal. La pratique a démontré que cet acte est bien souvent inutile; il doit suffire, si l'adhésion des personnes intéressées capables de contracter se produit sous n'importe quelle forme.

La loi ne maintient pas la distinction dont s'agit et range les deux cas sur la même ligne (R.).

Elle étend, en outre, aux cas de concours avec des tiers capables de contracter les dispositions de la loi de 1873, en tant qu'elles se rapportent aux charges hypothécaires et autres charges réelles dont on entend grever les immeubles des mineurs - aux emprunts à contracter dans leur intérêt, ainsi qu'aux prescriptions de la vente de la main à la main (M.).

Les prescriptions matérielles de l'alinéa 3 ne sont, au contraire, applicables, que s'il n'y a pas de tiers intéressé et que les personnes capables ont le même intérêt, sinon c'est l'intérêt de toutes les parties intéressées d'arriver au partage qui doit dominer, et il est inutile de se préoccuper des conditions sous lesquelles l'alinéa 3 autorise la vente (R.).

§ 42 alinéa 3. L'article 113 du Code civil est étendu au cas où il s'agit de vendre un immeuble (M.).

Die gerichtliche Vollziehung (Abs. 1) und die Bestätigung erfolgen im Falle des § 26 Absatz 5 durch das zur Bestätigung der vertragsmäßigen Theilung berufene, im Uebrigen durch das als Vormundschaftsgericht zuständige Amtsgericht.

Ist ein Abwesender betheiligt, so hat das Gericht auch dessen Interesse wahrzunehmen. Demselben ist erforderlichenfalls, in entsprechender Anwendung des Artikels 113 des Code civil, ein Vertreter zu bestellen.

§ 43. Der Verkauf kann aus freier Hand erfolgen, wenn nach der einstimmigen Ansicht des Familienraths daraus ein erheblicher Vortheil für den Pflegebefohlenen zu erwarten ist, und die Mitbetheiligten schriftlich oder zu Protokoll des Amtsgerichts sich einverstanden erklären. Wenn in diesem Falle der Kaufpreis 1000 Mark übersteigt, so ist der Verkauf notariell zu verbriefen.

§ 44. Außer dem Falle des § 43 erfolgt der Verkauf unter entsprechender Anwendung der §§ 27, 28 Absatz 1, §§ 32 bis 40 dieses Gesetzes, mit folgenden Maßgaben:

Der Familienrathsbeschluß muß die Art der Bekanntmachung des Versteigerungstermins und die Bezeichnung des Notars enthalten; die Zustimmung der sonst Betheiligten ist gemäß § 42 Absatz 1 zu erklären.

Zum Zwecke der Abschätzung kann der Vormund mit Zustimmung der sonst Betheiligten dem Familienrathe einen oder drei Sachverständige vorstellen, deren Gutachten in das Protokoll über die Familienberathung aufgenommen und vor dem Amtsrichter eidlich bekräftigt wird.

Die Bestätigung des vorläufigen Zuschlags (§ 39 Abs. 1) erfolgt an Stelle des Theilungsgerichts durch den Familienrath.

§ 45. Liegenschaften, welche einem Abwesenden in Gemeinschaft mit anwesenden und handlungsfähigen Personen gehören, können auf Grund einer privatschriftlich oder vor dem Amtsgericht zu vollziehenden Vereinbarungsurkunde, welche der gerichtlichen Bestätigung bedarf, veräußert werden.

Die Vereinbarungsurkunde muß die im § 42 Absatz 1 und im § 44 Absatz 2 bezeichneten Angaben enthalten. Die

---

§ 43. Bisher 800 Mark = 1000 Frs.

§ 44. Abs. 1. Zufolge des anwendbaren § 40 findet aus dem Versteigerungsprotokoll die gerichtliche Zwangsvollstreckung statt.

§ 45. Im Falle des § 45 ist eine Vereinbarungsurkunde unerläßlich.

conséquence de cette délibération, ou dans un acte spécial notarié ou sous seing-privé ou passé devant l'Amtsgericht.

L'exécution judiciaire (alinéa 1) et l'homologation se feront dans le cas du § 26 alinéa 5 par l'Amtsgericht chargé de l'homologation du partage conventionnel, dans les autres cas par l'Amtsgericht compétent pour la tutelle.

Si un absent est partie intéressée, le tribunal aura également à veiller à ses intérêts. Le cas échéant, il devra lui être nommé un représentant, conformément à l'art. 113 du Code civil.

§ 43. L'aliénation peut se faire de gré à gré, si d'après l'avis unanime du conseil de famille il en résulte un avantage important pour le pupille, et si les intéressés y donnent leur consentement par écrit ou par procès-verbal devant l'Amtsgericht. Si dans ce cas le prix de vente dépasse mille Marks, la vente doit avoir lieu par acte notarié.

§ 44. A l'exception du cas prévu par le § 43, la vente a lieu d'après les prescriptions suivantes, en appliquant les §§ 27, 28 alinéa 1, §§ 32 à 40 de la présente loi:

La délibération du conseil de famille doit indiquer le mode de publication de l'adjudication et le nom du notaire; le consentement des autres intéressés doit être donné dans les formes prévues par le § 42 alinéa 1.

Pour faire l'estimation, le tuteur peut, avec l'assentiment des autres intéressés, présenter au conseil de famille un ou trois experts, dont l'avis est inséré au procès-verbal de la délibération et affirmé sous serment devant l'Amtsrichter.

La ratification de l'adjudication provisoire (§ 39 alinéa 1) a lieu par le conseil de famille aux lieu et place du tribunal saisi du partage.

§ 45. Les immeubles appartenant à un absent indivisément avec des personnes présentes et capables de disposer, peuvent être aliénés par un acte sous seing-privé ou dressé devant l'Amtsgericht et qui est à homologuer par le juge.

---

§ 43. Jusqu'à présent 800 ℳ = 1000 francs.

§ 44 alinéa 1. En vertu du § 40, qui est déclaré applicable, l'exécution forcée peut être poursuivie en vertu du procès-verbal d'adjudication.

§ 45. Le „Vereinbarungsact“ est absolument nécessaire dans le cas prévu par le § 45.

4

Vollziehung und Bestätigung erfolgt durch das zur Bestätigung der vertragsmäßigen Theilung zuständige Amtsgericht.

Der Verkauf findet unter entsprechender Anwendung der §§ 27, 28 Absatz 1, §§ 32 bis 40 statt.

§ 46. Insoweit außer den Fällen der §§ 41, 45 der freiwillige Verkauf von Liegenschaften gerichtlich stattfindet, erfolgt derselbe auf Verordnung des Amtsgerichts im Wege öffentlicher Versteigerung. Die §§ 755, 756 der Civilprozeßordnung finden entsprechende Anwendung.

Die Verkaufsverordnung muß die Beschaffenheit und die Anschlagspreise der Liegenschaften, ferner die Verkaufsbedingungen, die Vorschriften in Betreff der Bekanntmachung und die Ernennung eines Notars enthalten.

Auf das Verfahren bei dem Verkauf finden die Vorschriften der §§ 27, 28 Absatz 1, §§ 32 bis 40 entsprechende Anwendung.

§ 47. Die Veräußerung von Liegenschaften, welche ausschließlich zum Vermögen auswärtiger Minderjähriger, Ent-

---

§ 46. Eine erschöpfende Aufzählung weiterer Fälle freiwillig gerichtlicher Veräußerung im Gesetze ist entbehrlich. Die nicht in den Formen der Zwangsversteigerung (vgl. K.-O. § 116) stattfindende Veräußerung der Grundstücke einer Konkursmasse und die Mitwirkung des Gerichts an eine bestimmte gerichtliche Form zu binden, erscheint gegenüber der reichsgesetzlichen Regelung der Materie in den §§ 122, 123 K.-O. nicht unbedenklich oder doch überflüssig, weshalb sich die Aufhebung des in diesem Sinne verfügenden § 32 des Ausführungsgesetzes zu den Prozeßordnungen vom 8. Juli 1879 empfiehlt (§ 57). Die Veräußerung von Grundstücken eines Abwesenden wird regelmäßig ausgeschlossen sein (vgl. Art. 128 des Code civil). Hiernach wird im Wesentlichen noch die Veräußerung der Grundstücke in Frage kommen, die zu einem erblosen Nachlasse, zum Dotalgut oder zu einer unter der Rechtswohlthat des Erbverzeichnisses angetretenen Erbschaft gehören; vgl. Code civil Art. 806, 812, 813, 1558 und die durch § 16 des Gesetzes vom 1. Dezember 1873 aufgehobenen, bezw. ersetzten Bestimmungen der Art. 987, 997, 1001 des Code de procédure civile. Das zuständige Gericht — zufolge § 11 des Gesetzes vom 10. Mai 1886 (Gesetzbl. S. 61) schon jetzt das Amtsgericht — ist nur theilweise dasjenige der belegenen Sache. Aus Zweckmäßigkeitsgründen soll künftig stets das letztere Gericht zum Erlaß der Verkaufsverordnung berufen sein. Die Verkaufsurkunde ist auch hier vollstreckbar (M.).

§ 47. Abs. 1. Das inländische Gericht ist zum Erlaß derjenigen zur Veräußerung erforderlichen weiteren Verfügungen berufen, welche die ausländische Behörde der Natur der Sache nach nicht treffen kann.

Cet acte doit contenir les déclarations mentionnées aux § 42 alinéa 1 et § 44 alinéa 2. L'exécution de l'acte et l'homologation auront lieu par le tribunal compétent pour l'homologation d'un partage conventionnel.

La vente se fera conformément aux §§ 27, 28 alinéa 1, §§ 32 à 40.

§ 46. En tant que la vente volontaire d'immeubles aura lieu judiciairement, en dehors des cas prévus par les §§ 41, 45, elle se fera sur l'ordonnance de l'Amtsrichter, par voie d'adjudication publique. Les §§ 755 et 756 du Code de procédure civile seront applicables par analogie.

L'ordonnance de vente indiquera la nature et les mises à prix des immeubles, ainsi que les conditions de la vente, les prescriptions relatives aux publications et la désignation d'un notaire.

A la procédure lors de la vente, s'appliquent les dispositions des §§ 27, 28 alinéa 1, §§ 32 à 40.

§ 47. L'aliénation d'immeubles appartenant exclusivement à des mineurs ou interdits étrangers, ou faisant partie d'une

---

§ 46. L'énumération des autres cas de vente volontaire judiciaire semble inutile. Il est impossible, même superflu, de prescrire des règles pour la vente d'immeubles dépendant d'une faillite, puisqu'elle n'a pas lieu dans les formes de l'exécution forcée (comp. Code des faillites § 116) et de donner des prescriptions aux tribunaux, en présence des dispositions des lois de l'Empire, qui règlent la matière dans les §§ 122 et 123 du Code des faillites. Aussi y avait-il lieu d'abroger le § 32 de la loi d'ex. des codes de procédure du 8 juillet 1879 (§ 57). La vente des immeubles d'un absent est généralement inadmissible (comp. art. 128 Code civil). Il ne reste dès lors que la vente d'immeubles dépendant d'une succession vacante ou acceptée sous bénéfice d'inventaire, ou d'immeubles dotaux; comp. les art. 806, 812, 813, 1558 Code civil et les dispositions des art. 987, 997, 1001 Code de proc. civ. fr., qui ont été abrogés ou remplacés par le § 16 de la loi du 1er décembre 1873. Le tribunal compétent, l'Amtsgericht en vertu du § 11 de la loi du 10 mai 1886 (Bull. des lois, p. 61), n'était pas toujours celui de la situation des immeubles. C'est par des motifs d'opportunité, que l'Amtsgericht de la situation des immeubles doit toujours, à l'avenir, être appelé à rendre l'ordonnance de vente. L'acte constatant la vente est également dans ce cas exécutoire (M.).

§ 47 alinéa 1. Les décisions ultérieures qui sont à rendre pour arriver à la vente sont de la compétence du juge du pays; elles échappent par leur nature à la juridiction étrangère. C'est ainsi que l'Amtsrichter devra désigner le notaire et nommer les experts.

mündigter oder Massen gehören, erfolgt auf Grund der nach auswärtigem Rechte erforderlichen Anordnung und unter entsprechender Anwendung vorstehender Bestimmungen. Die nach Maßgabe der letzteren zum Zwecke der Veräußerung erforderlichen näheren Verfügungen werden durch das nach den §§ 755, 756 der Civilprozeßordnung zuständige Amtsgericht getroffen.

Bleiben die Gebote unter dem Anschlagspreis, so erfolgt der Zuschlag nicht.

Gehören die Liegenschaften den auswärtigen Berechtigten in Gemeinschaft mit Inländern, so ist die Veräußerung außerhalb des gerichtlichen Theilungsverfahrens ausgeschlossen.

Abschnitt III.

Verfahren und Kosten.

§ 48. Anträge und Erklärungen, welche in dem durch dieses Gesetz geordneten Verfahren bei den Amtsgerichten vorgebracht werden, sind schriftlich einzureichen oder zu Pro-

---

Dazu gehört namentlich die Bezeichnung des Notars und die Ernennung von Sachverständigen.

Im Falle des Abs. 2 ist das Verfahren des § 39 nicht angängig, und es bleibt nichts anderes übrig, als eine neue Versteigerung zu einem niedrigeren Anschlagspreise zu veranlassen.

Wenn die Liegenschaften den auswärtigen Berechtigten in Gemeinschaft mit Inländern gehören, soll aus den zu § 26 angedeuteten Gründen die Versteigerung und Auseinandersetzung nur im Wege des gerichtlichen Theilungsverfahrens vorgenommen werden können (B.).

§ 48. Die §§ 48 ff. schließen sich enge an die §§ 13–15 des Ges. vom 10. Mai 1886 an. Abs. 1 und 3 oben führen zur Erleichterung der Parteien einen unmittelbaren Geschäftsverkehr zwischen dem gerichtlich bestellten Notar und dem Gericht ein. Die an Jenen erfolgten Zustellungen oder Aushändigungen hat er natürlich den Betheiligten in angemessener Weise zur Kenntniß zu bringen (M.).

Die Zustellung von Amtswegen an alle Betheiligten ist, und zwar im Interesse einer raschen Prozedur, nur vorgeschrieben bezüglich der zwei wichtigsten Entscheidungen im gerichtlichen Theilungsverfahren, nämlich des Verweisungsbeschlusses und des Beschlusses über die Bestätigung der Theilung. Die übrigen nicht verkündeten Entscheidungen sind nach dem Ermessen des Gerichts allen Betheiligten in Ausfertigung oder in Urschrift auszuhändigen oder zuzustellen. Die Mittheilung an den Notar wird sich bei den weniger wichtigen Entscheidungen empfehlen, die während des Verfahrens vor dem Notar ergehen. Die verkündeten Entscheidungen, abgesehen von den in den Fällen der §§ 4, 16 ergehenden, brauchen nicht von Amtswegen zugestellt zu werden (B.).

masse située à l'étranger, se fait en observant les prescriptions édictées par la loi étrangère et en se conformant par analogie aux dispositions qui précèdent. Les ordonnances, qui seront nécessaires pour arriver à la vente, seront prises par l'Amtsgericht compétent d'après les §§ 755, 756 du Code de procédure civile.

Si les enchères restent au-dessous de la mise à prix, les immeubles ne sont pas à adjuger.

Si les immeubles appartiennent par indivis à des étrangers et à des indigènes, l'aliénation ne peut avoir lieu qu'en suivant les formes prescrites pour les partages judiciaires.

Section III.

De la procédure et des frais.

§ 48. Les demandes et déclarations qui d'après la présente loi sont à adresser à l'Amtsgericht, sont à produire par écrit ou par déclaration au greffier qui en dresse procès-verbal. Le notaire commis par le tribunal peut

---

Dans le cas de l'alinéa 2, il est impossible de suivre la procédure prévue par le § 39 et il ne reste d'autre moyen que de provoquer de nouvelles enchères au-dessous de la mise à prix.

Si les immeubles appartiennent par indivis à des étrangers et à des indigènes, il est indispensable, pour les motifs développés sous § 26, de poursuivre la vente et le partage dans les formes du partage judiciaire (M.).

§ 48. Les §§ 48 et suiv. se rallient aux prescriptions des §§ 13—15 de la loi du 10 mai 1886.

Les alinéas 1 et 3 règlent dans l'intérêt des parties les rapports décrets qui peuvent avoir lieu entre le juge et le notaire. Celui-ci a à communiquer aux parties intéressées les significations qui lui parviennent.

La notification d'office aux parties intéressées n'est prescrite, dans le but d'accélérer la procédure de partage, que pour deux décisions importantes, ce sont l'ordonnance de renvoi devant notaire et la décision d'homologation. Les autres décisions non publiées à l'audience sont, d'après la libre appréciation du juge, à remettre ou à signifier en copie ou en minute. La simple communication au notaire de la décision, qui devient nécessaire pendant les opérations devant lui, se recommande surtout dans les cas de minime importance. Il est inutile de notifier d'office les décisions rendues à l'audience, excepté dans les cas prévus par les §§ 4 et 16 (R.).

tokoll des Gerichtsschreibers abzugeben. Der gerichtlich bestellte Notar ist befugt, die Anträge und Erklärungen zu Protokoll zu nehmen und dem Amtsgerichte vorzulegen.

Die Entscheidung kann ohne mündliche Verhandlung erfolgen. Entscheidungen, welche einen Antrag ablehnen oder eine Zustimmung versagen, sind mit Gründen zu versehen.

Die Entscheidungen über die Verweisung vor einen Notar oder die Bestätigung der gerichtlichen Theilung (§§ 4, 17) sind allen Betheiligten von Amtswegen zuzustellen. Sonstige nicht verkündete Entscheidungen werden allen Betheiligten oder, nach Anordnung des Gerichts, dem gerichtlich bestellten Notar in Ausfertigung ausgehändigt, soweit nicht Aushändigung in Urschrift oder Zustellung angeordnet wird.

§ 49. Gegen die Entscheidungen des Amtsgerichts findet sofortige Beschwerde nach Maßgabe des § 540 der Civilprozeßordnung statt. Die Frist zur Einlegung derselben beginnt, sofern die Entscheidung verkündet oder ausgehändigt wird, mit der Verkündung oder Aushändigung, im Uebrigen mit der Zustellung der Entscheidung.

Muß die Zustellung der Entscheidung im Ausland oder durch öffentliche Bekanntmachung erfolgen, so hat das Gericht in der Entscheidung oder nachträglich durch besonderen Beschluß die Frist zur Einlegung der sofortigen Beschwerde zu bestimmen.

Die sofortige Beschwerde wird bei dem Amtsgericht eingelegt. Das letztere ist zur Abänderung seiner durch die Beschwerde angegriffenen Verfügung befugt.

§ 50. Werden von dem Beschwerdeführer die im § 16 Abs. 1 erwähnten Thatsachen glaubhaft gemacht, so ist nach

---

§ 49. Die sofortige an Stelle der einfachen Beschwerde ist gegeben, um das Verfahren zu beschleunigen. Daß die sofortige Beschwerde nur bei dem Amtsgericht soll erhoben werden können, ermöglicht dem Amtsgerichtsschreiber die Feststellung der Rechtskraft der Beschlüsse auf den letzteren, was namentlich für den Fall des § 19 von Bedeutung ist. Der Anfangspunkt der Frist zur Einlegung des gedachten Rechtsmittels bedarf mit Rücksicht darauf näherer Bestimmung, daß die Beschlüsse nicht bloß zugestellt, sondern auch verkündigt oder ausgehändigt werden (vgl. § 13 Abs. 3 des Gesetzes vom 10. Mai 1886) (M.).

Abs. 2 ist dem § 304 Abs. 2 C.-P.-O. nachgebildet.

§ 50. Der Ausbleibende soll auch noch in der Beschwerde-Instanz die Zurückverweisung vor den Notar herbeiführen können (B.).

dresser procès-verbal des demandes et déclarations et les soumettre à l'Amtsgericht.

La décision peut être rendue sans débats oraux préalables. Les décisions qui rejettent une demande ou refusent une homologation sont à motiver.

Les décisions relatives au renvoi devant un notaire ou à l'homologation du partage judiciaire (§§ 4, 17), sont à signifier d'office à tous les intéressés. Les autres décisions non publiées sont à remettre en expédition à toutes les parties intéressées ou sur ordonnance du tribunal au notaire commis par le tribunal, à moins que la remise en minute ou par signification n'en ait été ordonnée.

§ 49. Les décisions de l'Amtsgericht peuvent être attaquées par la voie du recours immédiat conformément au § 540 du Code de procédure civile. Le délai pour former ce recours court du jour où la décision est rendue à l'audience ou remise à la partie, si la décision a été prononcée publiquement ou remise à la partie, dans les autres cas du jour de la signification.

Si la signification de la décision doit avoir lieu en pays étranger ou par affiche publique, le juge a à fixer dans la décision ou bien par une ordonnance postérieure, le délai dans lequel doit être exercé le recours immédiat.

Le recours immédiat est à former devant l'Amtsgericht. Ce dernier est autorisé à modifier la décision attaquée par la voie du recours.

§ 50. Si la partie rapporte les justifications prévues par le § 16 alinéa 1, la procédure se poursuit d'après les

---

§ 49. C'est dans le but d'activer la procédure, que la loi introduit le recours immédiat au lieu du recours simple. La prescription, que le recours immédiat ne peut être exercé que devant l'Amtsgericht, met le greffier en mesure de vérifier, si l'ordonnance est devenue exécutoire, ce qui a son importance surtout dans le cas prévu par le § 19. Le point de départ du délai du recours doit être spécialement indiqué, parce que les décisions ne sont pas seulement signifiées, mais aussi publiées à l'audience ou affichées au greffe (comp. § 13, loi du 10 mai 1886) (M.).

L'alinéa 2 reproduit les dispositions du § 304 alinéa 2 du Code de procédure civile.

§ 50. La personne qui n'a pas comparu devant le notaire, doit également pouvoir demander, dans l'instance en recours, le renvoi devant notaire (R.).

den Vorschriften dieses Paragraphen zu verfahren. War der Beschwerdeführer in der Lage, den Antrag auf Zurückverweisung vor den Notar schon vor der Bestätigung der Theilung zu stellen, so sind ihm die Kosten der Beschwerdeinstanz zur Last zu legen.

§ 51. Gegen die Entscheidungen des Landgerichts findet die weitere Beschwerde an das Oberlandesgericht nach Maßgabe des § 15 des Gesetzes vom 10. Mai 1886 (Gesetzbl. S. 61) statt.

Im Falle des § 49 Abs. 2 hat das Gericht nach Maßgabe dieser Vorschrift die Frist zur Einlegung der weiteren Beschwerde zu bestimmen.

Die Bestimmungen des § 48 Absatz 3 finden auf die Entscheidungen des Landgerichts und des Oberlandesgerichts Anwendung.

§ 52. In den Fällen des § 17 Absatz 2 und des § 26 Absatz 1 ergehen die Entscheidungen der Amtsgerichte, sowie

§ 51. Abs. 1. Die Frist beträgt hiernach einen Monat.

§ 52. In Uebereinstimmung mit althergebrachten Anschauungen ist die Staatsanwaltschaft berufen, die Interessen der handlungsunfähigen Personen im Theilungsverfahren wahrzunehmen. Die Kommission hielt es jedoch im Interesse der Vereinfachung des Verfahrens für angezeigt, die Mitwirkung der Staatsanwaltschaft auch bei den Kollegialgerichten auf die Fälle des § 16 Abs. 2 und des § 25 Abs. 1 — Bestätigung der Theilung — zu beschränken. Der Schlußsatz von Abs. 2 soll einen möglichen Zweifel ausschließen. Der Staatsanwaltschaft ist ferner das Recht eingeräumt, gegen ihren Anträgen widersprechende Entscheidungen Beschwerde einzulegen, wenn nach ihrer Ansicht die Interessen der Handlungsunfähigen verletzt sein sollten. Diese Einrichtung erscheint als eine sehr wichtige Ergänzung der Ueberweisung des ganzen Verfahrens an die Amtsgerichte. Die Beschwerde der Staatsanwaltschaft wird in den gedachten Fällen gegen diejenigen zu richten sein, deren Interessen das Interesse der Handlungsunfähigen entgegensteht. Damit die Staatsanwaltschaft in die Lage gesetzt sei, durch das Rechtsmittel der Beschwerde die Interessen der Minderjährigen zu wahren, sollen die ihren Anträgen widersprechenden Entscheidungen nach einem Zusatze der Kommission der Staatsanwaltschaft ohne Verzug in Ausfertigung übersendet werden (Abs. 3) (B.).

Die Kosten, welche durch die Thätigkeit der Staatsanwaltschaft entstehen, sind gemäß Art. 121 fg. des Dekrets vom 18. Juni 1811 einstweilen aus der Staatskasse zu zahlen, welcher ein Ersatzanspruch gegen die kostenpflichtige Partei zusteht. Unterliegt die Staatsanwaltschaft als Beschwerde-Partei, so sollen nach Abs. 4 die den Betheiligten erwachsenen Kosten der Staatskasse zur Last gelegt werden. Es widerspricht dies den Grundsätzen der franz. Gesetzgebung, steht aber mit den §§ 591, 601, 614, 618 C.-P.-O. im Einklang (B.).

prescriptions de ce paragraphe. Si la partie a été en mesure de former sa demande en renvoi devant notaire avant l'homologation du partage, les frais de l'instance en recours restent à sa charge.

§ 51. Le recours ultérieur devant l'Oberlandesgericht peut être exercé contre la décision du Landgericht suivant les prescriptions du § 15 de la loi du 10 mai 1886 (Bull. des lois, p. 61).

Dans le cas prévu par le § 49 alinéa 2, le tribunal a à fixer dans le sens de cette disposition, le délai dans lequel le recours ultérieur doit être exercé.

Les prescriptions du § 48 alinéa 3 sont applicables aux décisions du Landgericht et de l'Oberlandesgericht.

§ 52. Dans les cas prévus par le § 17 alinéa 2 et le § 26 alinéa 1, les décisions des Amtsgerichte, et, le cas échéant, celles des Landgerichte et de l'Oberlandesgericht

---

§ 51. Le délai est d'un mois.

§ 52. La sauvegarde des intérêts des incapables a toujours été confiée au ministère public dans les procédures de partage. Pour ne pas compliquer la procédure, l'intervention du ministère public a cependant été restreinte aux cas prévus par le § 16 al. 2 et le § 25 al. 1, où il s'agit seulement de l'homologation du partage. La dernière partie de l'al. 2 a pour objet d'écarter les doutes qui auraient pu s'élever à ce sujet. Le ministère public a en outre le droit d'exercer le recours contre les décisions non conformes à ses conclusions, dans les cas où il estime que les intérêts des incapables sont lésés. Cette intervention sert à justifier les dispositions de la loi et le renvoi de toute la procédure de partage devant l'Amtsgericht. Le recours sera à exercer, le cas échéant, contre les personnes dont les intérêts sont en contradiction avec ceux de l'incapable. Pour mettre à même le ministère public de sauvegarder les intérêts des mineurs, l'expédition de la décision rendue contrairement à ses conclusions doit lui être transmise sans retard (al. 3) (R.).

Les frais occasionnés par l'intervention du ministère public sont à prélever provisoirement, en vertu de l'art. 12 du décret du 18 juin 1811, sur la caisse du trésor, qui peut exercer son recours contre la partie condamnée aux frais. Si le ministère public succombe dans son recours, les frais occasionnés aux parties intéressées sont à la charge du trésor en vertu de l'al. 4. Cette disposition est contraire aux principes de la loi française, mais est conforme aux §§ 591, 601, 614 et 618 Code de procédure civil (R.).

eintretendenfalls der Landgerichte und des Oberlandesgerichts, nach schriftlichem Antrag der Staatsanwaltschaft bei dem Landgericht, beziehungsweise dem Oberlandesgericht.

Hat bei dem Amtsgericht mündliche Verhandlung stattgefunden, so sind demnächst die Akten der Staatsanwaltschaft behufs neuer Antragstellung mitzutheilen. Bei den mündlichen Verhandlungen der Landgerichte und des Oberlandesgerichts kann der Staatsanwalt über die zu erlassende Entscheidung sich gutachtlich äußern.

Gegen eine im Widerspruch mit ihrem Antrag erfolgende Entscheidung steht der Staatsanwaltschaft die sofortige bezw. die weitere Beschwerde zu. Eine derartige Entscheidung ist ohne Verzug der Staatsanwaltschaft von Amtswegen in Ausfertigung zu übersenden.

Wird die mündliche Verhandlung über ein Rechtsmittel der Staatsanwaltschaft angeordnet, so hat dieselbe die sämmtlichen Betheiligten dazu zu laden. Im Falle des Unterliegens der Staatsanwaltschaft sind die den Betheiligten erwachsenen Auslagen der Staatskasse zur Last zu legen.

§ 53. In dem durch dieses Gesetz geregelten Verfahren werden in der ersten und in der Beschwerdeinstanz von der in

§ 53. Das durch das Gesetz geordnete Verfahren der nicht streitigen Gerichtsbarkeit fällt als solches unter § 1 Abs. 2 des Ausf.-G. zum Gerichtskostengesetze vom 3. April 1885. Demgemäß ist nach § 2 desselben Gesetzes der für die Erhebung der Gebühren maßgebende Werth des Gegenstandes des Verfahrens regelmäßig zu 500 ℳ, ausnahmsweise niedriger oder höher, jedoch nicht unter 100 ℳ und nicht über 12000 ℳ anzunehmen. Ist hierdurch ein gleichheitlicher und mäßiger Gebührenansatz im Allgemeinen verbürgt, so würde derselbe im Einzelnen doch immer noch zu hoch sein, wenn auch die weiteren Bestimmungen des § 6 jenes Gesetzes unverändert zur Anwendung kämen, wonach für die einzelnen Entscheidungen, einschließlich des vorangegangenen Verfahrens, vier Zehntheile der Gebühr des Gerichtskostengesetzes (§ 8) und im Falle kontradiktorischer Verhandlung die volle Gebühr erhoben werden sollen. Es empfiehlt sich daher eine Abstufung der Gebühren von $^1/_{10}$ bis $^4/_{10}$ der im § 8 des Gerichtskostengesetzes bestimmten Gebühr, je nach der einfacheren oder schwierigeren Natur der Entscheidungen, und unter möglichst niedriger Belastung der Handlungsunfähige betreffenden Akte. Der Einfachheit wegen ist kein Unterschied gemacht, ob eine kontradiktorische Verhandlung erfolgt oder nicht, und ob die Entscheidung in der ersten oder in der Beschwerdeinstanz ergeht. Im Falle der Abweisung eines Antrags soll überall und nicht nur nach Ermessen des Gerichts, wie nach dem angeführten § 6, die Gebühr nur in Höhe von einem Zehntheil erhoben werden.

Der § 10 des Ausführungsgesetzes zum Gerichtskostengesetz wird durch § 53 ersetzt und demgemäß in § 57 beseitigt (M.).

interviennent sur les conclusions écrites du ministère public auprès du Landgericht ou de l'Oberlandesgericht.

S'il y a eu des débats oraux devant l'Amtsgericht, les pièces sont d'abord soumises au ministère public pour les nouvelles conclusions à prendre. Lors des débats oraux devant le Landgericht et l'Oberlandesgericht, le ministère public peut donner son avis sur la décision à intervenir.

Si la décision est contraire à ses conclusions, le ministère public peut exercer la voie du recours immédiat ou ultérieur. L'expédition d'une pareille décision est à transmettre immédiatement et d'office au ministère public.

Si le tribunal ordonne des débats oraux sur le recours exercé par le ministère public, celui-ci a à assigner toutes les parties intéressées. En cas de rejet du recours du ministère public, les déboursés occasionnés aux parties intéressées sont à mettre à la charge du trésor.

§ 53. Pour la procédure règlée par cette loi, il sera perçu en première instance et dans l'instance en recours, des droits tels qu'ils sont prévus par le § 8 de la loi sur

---

§ 53. La procédure de juridiction non contentieuse que règle la présente loi, tombe comme telle sous le § 1 al. 2 de la loi d'exécution des tarifs judiciaires du 3 avril 1880. Il s'ensuit que d'après le § 2 de cette loi, la valeur de l'objet pour la perception des droits est à fixer ordinairement à 500 ℳ, exceptionnellement plus haut ou plus bas, mais jamais au-dessous de 100 ℳ et au delà de 10 000 ℳ. Si les droits sont ainsi en règle générale fixés d'une manière uniforme et s'ils ne sont pas trop élevés, ils pourraient cependant dépasser les limites d'une base équitable, si les dispositions du § 6 de la même loi continuaient à recevoir leur application et si l'on percevait pour la décision simple y compris la procédure qui l'a précédée 4/10 des droits prévus par le Gerichtskostengesetz (§ 8) et le droit entier en cas de débat contradictoire. Aussi convient-il de ne prévoir que des droits entre 1/10 et 4/10 des droits fixés par le § 8 du Gerichtskostengesetz, suivant le caractère plus ou moins grave de la décision et de décharger ainsi autant que possible les actes qui concernent les incapables. Toutes distinction entre les décisions contradictoires et celles par défaut dsparait pour simplifier la perception des droits; il en est de même des décisions en première instance et dans l'instance en recours. En cas de rejet de la demande, il ne doit dans tous les cas être perçu qu'un dixième; le juge n'a ainsi plus a arbitrer dans le sens du § 6.

Le § 10 de la loi d'exécution des tarifs judiciaires est remplacé par le § 50 et formellement abrogé par le § 57.

§ 8 des Gerichtskostengesetzes bestimmten und gemäß § 2 des Ausführungsgesetzes hierzu vom 3. April 1880 (Gesetzbl. S. 58) zu berechnenden Gebühr erhoben:

I. vier Zehntheile für die Bestätigung einer gerichtlichen Theilung;

II. zwei Zehntheile für die Bestätigung einer vertragsmäßigen Theilung; für eine Verkaufsverordnung (§ 46);

III. ein Zehntheil für die übrigen zur Zuständigkeit des Amtsgerichts gehörenden Entscheidungen.

Im Falle der Abweisung eines Antrags wird überall nur ein Zehntheil erhoben.

§ 54. In dem Theilungsverfahren hat der Antragsteller die Kosten und Auslagen, welche nach § 23 der Masse zur Last fallen, vorzuschießen.

§ 55. Auf die Verhandlungen vor dem Notar finden die Vorschriften der Stempel- und Einregistrirungsgesetze und der Notariatstarif Anwendung. Die Mittheilungen und Ladungen sowie die Aufnahme von Anträgen durch den Notar erfolgen stempel- und registrirungsfrei.

Für abschriftliche Mittheilungen in den Fällen der §§ 6, 9, 32 und für die Anfertigung von Ladungsabschriften hat der Notar Schreibgebühren nach Maßgabe des § 80 des Gerichtskostengesetzes anzusprechen.

§ 56. Für die Kosten der Zustellungen im Verfahren vor dem Notar haftet die Staatskasse nicht.

Die in diesem wie im gerichtlichen Verfahren durch öffentliche Zustellungen und Zustellungen im Auslande der Staatskasse erwachsenen baaren Auslagen sind derselben zu erstatten.

---

§ 54. Zur Beseitigung von Zweifeln wird ausdrücklich hervorgehoben, daß auch die der Theilungsmasse zur Last fallenden Kosten und Auslagen vom Antragsteller vorzuschießen sind; im Uebrigen verbleibt es bezüglich der Vorschußpflicht in den gerichtlichen Angelegenheiten und für die notariellen Verhandlungen bei den allgemeinen Grundsätzen (M.).

§ 55. Abs. 1. Für einfache briefliche Mittheilungen (vgl. § 11) ist die Stempel- und Registrirungs-Freiheit selbstverständlich (M.).

§ 56. Die im Abs. 1 bezeichneten Kosten könnte man als solche ansehen, für welche die Staatskasse haftet, von der Anschauung aus, daß der Notar als Delegatar des Gerichts thätig sei, es sich also um eine Zustellung von Amtswegen handle. Vgl. G.-K.-G. § 80b. Dies soll ausdrücklich ausgeschlossen werden. Die Absicht des Gesetzes geht dahin,

les frais judiciaires, combiné avec le § 2 de la loi, d'exécution de cette dernière loi du 3 avril 1880 (Bull. des lois p. 58):

I Quatre dixièmes pour l'homologation d'un partage judiciaire,

II deux dixièmes pour l'homologation d'un partage conventionnel, pour l'ordonnance de vente (§ 46),

III un dixième pour toutes les autres décisions qui sont de la compétence des Amtsgerichte.

En cas de rejet d'une demande, il ne sera perçu en règle générale qu'un dixième.

§ 54. Dans la procédure de partage, le demandeur a à avancer les frais et déboursés, qui d'après le § 23 tombent à la charge de la masse.

§ 55. Les prescriptions des lois sur le timbre et l'enregistrement ainsi que le tarif des notaires sont applicables à la procédure devant le notaire. Les communications et citations ainsi que la réception des demandes faites par le notaire sont exemptes de timbre et d'enregistrement.

Pour les copies de pièces dans les cas prévus par les §§ 6, 9, 32 et les copies de citations, le notaire a à prétendre les droits d'expédition tels qu'ils sont règlés par le § 80 de la loi sur les frais judiciaires.

§ 56. Le trésor n'a pas à avancer les frais des significations faites pendant les opérations devant le notaire.

Sont remboursés au trésor les déboursés résultant de

---

§ 54. Le paragraphe impose au poursuivant, pour écacter le doute qui pourrait s'élever à ce sujet, l'obligation de faire également l'avance des frais et deboursés, qui tombent à la charge de la masse. Au surplus il n'est rien innové aux principes généraux sur l'avance des frais de notaire et dans les instances judiciaires (M.).

§ 55. Les communications par simple lettre (comp. § 11) sont exemptées des droits de timbre et d'enregistrement (M.).

§ 56. Le trésor pourrait être considéré comme étant tenu également de payer les frais dont parle l'alinéa 1, puisque le notaire procède sur la délégation du juge et qu'il s'agit d'une signification faite d'office, (comp. loi sur les frais judiciaires § 80). Le paragraphe exclut d'une manière expresse une pareille interprétation. D'après le sens de la loi, ces frais sont à supporter par la partie poursuivante ou par les parties intéressées.

Les frais d'une notification publique (al. 2) sont au contraire à avancer par le trésor; une pareille notification étant toujours

Abschnitt IV.

Schlußbestimmungen.

§ 57. Aufgehoben werden:
die Artikel 822 bis 828, 832, 834, 835, 837 des Code civil, die Artikel 945 bis 952, 966 bis 983, 985 des Code de procédure civile, das Gesetz, betreffend außergerichtliche Theilungen und gerichtliche Verkäufe von Liegenschaften, vom 1. Dezember 1873 (Gesetzbl. S. 310), die §§ 15, 16 und 32 des Ausführungsgesetzes zu den Prozeßordnungen vom 8. Juli 1879 (Gesetzbl. S. 67) und der § 10 des Ausführungsgesetzes zum Gerichtskostengesetz vom 3. April 1880 (Gesetzbl. S. 58).

Insoweit bestehende Gesetze auf die durch § 16 des Gesetzes vom 1. Dezember 1873 und durch dieses Gesetz aufgehobenen Bestimmungen Bezug nehmen, treten die Bestimmungen dieses Gesetzes an deren Stelle.

§ 58. Dieses Gesetz tritt am 1. Juli 1888 in Kraft. Ein an diesem Tage anhängiges Verfahren wird nach den bestehenden Vorschriften erledigt.

---

daß die fraglichen Kosten von dem Antragsteller oder von den Betheiligten zu tragen sind.

Die Kosten einer öffentlichen Zustellung (Abs. 2) werden dagegen von der Staatskasse vorgeschossen, weil sie vom Gericht veranlaßt werden. Es soll aber, mit Rücksicht auf die Höhe der Kosten, der Antragsteller der Staatskasse gegenüber hierfür regreßpflichtig sein, auch wenn es sich um Zustellung einer notariellen Ladung u. s. w. handelt.

Vgl. die Motive und die Bemerkungen des Berichterstatters in der Sitzung des Landesausschusses vom 17. April 1888.

§ 57. Nachdem durch § 16 des Gesetzes vom 1. Dezember 1873 bereits die Art. 459, 838 bis 840 des Code civil, Art. 573 des Code de commerce und Art. 953 bis 965, 984, 987, 988, 997 Satz 2 und 3 und Art. 1001 des Code de procédure civile beseitigt sind, fallen auf Grund der neuen Vorschriften auch die in gegenwärtigem Paragraphen aufgeführten Bestimmungen der genannten französischen Gesetzbücher und das Gesetz vom 1. Dezember 1873 selbst weg und werden wie jene früher aufgehobenen durch die entsprechenden Vorschriften des Gesetzes ersetzt. Wegen der Aufhebung der §§ 15, 16, 32 des Ausführungsgesetzes zu den Prozeßordnungen sind die §§ 26 bis 40 und die Erläuterung zu § 46, wegen der Beseitigung des § 10 des Ausführungsgesetzes zum Gerichtskostengesetz die Begründung zu § 53 zu vergleichen.

notifications publiques ou de significations à l'étranger soit pendant les opérations devant le notaire, soit dans le courant de la procédure judiciaire.

Section IV.

Dispositions finales.

§ 57. Sont abrogés:
les art. 822 à 828, 832, 834, 835, 837 du Code civil, les art. 945 à 952, 966 à 983, 985 du Code de proc. civ., la loi sur les partages extrajudiciaires et les ventes judiciaires d'immeubles du 1 décembre 1873 (bull. des lois p. 310), les §§ 15, 16 et 32 de la loi d'exécution des Codes de procédure du 8 juillet 1879 (bull. des l. page 67) et le § 10 de la loi d'exécution de la loi sur les frais judiciaires du 3 avril 1880 (bull. des lois page 58).

En tant que des lois en vigueur se réfèrent à des dispositions abrogées par le § 16 de la loi du 1 décembre 1873 et par la présente loi, elles sont remplacées par les prescriptions de la présente loi.

§ 58. La présente loi entrera en vigueur le 1 juillet 1888. Une procédure engagée avant ce jour continuera à être régie par les lois antérieures.

---

provoquée par le juge. La partie poursuivante est responsable vis-à-vis du trésor, même quand il s'agit d'une assignation devant notaire, ces frais pouvant être assez considérables.

Comp. les motifs et les observations du rapporteur dans la séance de la délégation du 17 avril 1888.

§ 57. Le § 16 de la loi du 1 décembre 1873 avait déjà abrogé les art. 459, 838 à 840 Code civil, l'art. 573 Code de commerce et les art. 953 à 965, 984, 987, 988, 997 2e et 3e parties et l'art. 1001 du Code de proc. civ. fr.; la présente loi abroge de son côté les dispositions de la législation française qu'indique le paragraphe ainsi que la loi du 1 décembre 1873 et remplace aussi bien les dispositions antérieurement déjà abrogés que celles qu'elle vise dans le paragraphe. Comp. au sujet de l'abrogation des §§ 15, 16, 32 de la loi d'ex. des codes de proc., les §§ 26 à 40 et les observations sur § 46, et au sujet de l'abrogation du § 10 de la loi d'ex. de la loi sur les tarifs judiciaires les motifs du § 53.

FSC
www.fsc.org
MIX
Papier | Fördert
gute Waldnutzung
FSC® C083411

Kolibri 360 GmbH
Ferdinand-Jühlke-Straße 7
99095 Erfurt, Deutschland
produktsicherheit@kolibri360.de